财会人员
实务操作丛书

初级会计实务
技能训练

主 编 周 莉 李 艳 解延宏

中国人民大学出版社
·北京·

图书在版编目（CIP）数据

初级会计实务技能训练/周莉，李艳，解延宏主编 . -- 北京：中国人民大学出版社，2020.10
（财会人员实务操作丛书）
ISBN 978-7-300-28497-2

Ⅰ.①初…　Ⅱ.①周…　②李…　③解…　Ⅲ.①会计实务－教材　Ⅳ.①F233

中国版本图书馆 CIP 数据核字（2020）第 165688 号

财会人员实务操作丛书
初级会计实务技能训练
主　编　周　莉　李　艳　解延宏
Chuji Kuaiji Shiwu Jineng Xunlian

出版发行	中国人民大学出版社			
社　　址	北京中关村大街 31 号	**邮政编码**	100080	
电　　话	010 - 62511242（总编室）	010 - 62511770（质管部）	
	010 - 82501766（邮购部）	010 - 62514148（门市部）	
	010 - 62515195（发行公司）	010 - 62515275（盗版举报）	
网　　址	http://www.crup.com.cn			
经　　销	新华书店			
印　　刷	固安县铭成印刷有限公司			
开　　本	787 mm×1092 mm　1/16	**版　　次**	2020 年 10 月第 1 版	
印　　张	9.75	**印　　次**	2023 年 8 月第 2 次印刷	
字　　数	228 000	**定　　价**	36.00 元	

2018年，我国财政部对会计职业资格考试进行了大刀阔斧的改革，取消了会计从业资格认定的考试，完善了会计专业技术资格评价体系，形成了层次清晰（初级、中级、高级）、相互衔接、体系完整的会计专业技术资格评价制度，对会计人才的选拔、培养的导向作用发挥得更为明显，使会计人员队伍素质大幅提升。2017年修正的《会计法》，把"从事会计工作的人员，必须取得会计从业资格证书"的规定，改为**"会计人员应当具备从事会计工作所需要的专业能力"**。可见，我国会计行业基层人员过剩，人才输出不够，是造成会计行业"洗牌"的原因之一，大浪淘沙，危机逐步逼近的是那些还在原地踏步、故步自封的财务人。会计职业资格考试改革的初衷就是要全面提高我国会计人才队伍的专业素质，先从会计门槛证书调整开始，过滤掉那批只有从业资格证书却没有实际从业能力的人。

随着会计从业资格证书正式告别历史舞台，初级会计证书成为会计行业的门槛。因此，初级会计证书成为会计人员考证首选，但胜任会计岗位所体现的会计人员的实力，单纯靠证书去维系是远远不够的，会计人员必须通过实际工作提升自己的专业能力，发挥自己的专业特长，践行自己的专业责任。

本教材是以辅助广大的会计工作者和即将参加初级会计职称考试的考生顺利通过考试为核心，以实现更快地上岗就业为目标，结合我国2019年以来最新的会计准则体系、报表格式及初级会计职称考试要求，同时围绕《初级会计实务》教材的知识点进行编写，借以更有效地帮助广大考生理解并掌握初级会计专业技术资格考试的知识点，熟悉会计核算的业务内容，提高初级会计实际操作技能，为走向初级会计工作岗位打下坚实的基础。

本教材在内容设计上，按照会计人员的操作流程和学习者的认知规律，循序渐进，由浅入深，侧重对学习者动手能力的锻炼和培养，以工业企业12月的经济业务内容为主导，结合初级会计实务操作，通过会计职业岗位能力的实训，实现以学习者为本、理论与实践一体化教学，培养学习者自主学习能力、职业判断力，从而应对未来的岗位需求。

本书以习近平新时代中国特色社会主义思想为指导，全面融入党的二十大精神，始终把提高学生的思想道德素质与专业素养融为一体，培养学生诚实守信、爱岗敬业等优秀品质，为中国式现代化建设提供高技能人才支撑。本教材的特点在于：

1. 图表结合，突出实践性，便于轻松自学。

通俗的语言，直观的图示，对基础知识进行简洁明了的阐释，达到手把手教授的效果。本教材的凭证来源于企业的真实业务，便于学习者将实务学习和理论知识相贯通，更容易理解、记忆与掌握。

2. 结合初级会计职称考试教材，强化初级会计岗位技能训练。

以《初级会计实务》涉及的知识点贯穿于全书，通过各项目经济业务的任务处理，对"初级会计实务"课程所学内容进行梳理，同时熟悉企业会计工作流程、日常业务的基本核算，提高学习者的实操技能。

3. 结合财税新政，增强了教材的规范性和科学性。

结合最新的财税政策，让学习者在学习、吸收新准则、新制度与新规定的基础上，注重将新准则、新制度与新规定融入会计核算实务中，增强了本教材的规范性和科学性，也使学习者通过业务核算更深入地了解国家最新的财税政策。

本教材编写分工如下：项目一、项目二、项目八由周莉编写，项目三、项目六、项目七由李艳编写，项目四、项目五由解延宏编写，全书由蒋泽生审定。

本教材可作为高职高专会计、财务管理、审计等专业实训用书，也可作为《初级会计实务》配套实训用书，还可用作有关会计培训机构的实训教材。

本教材在编写过程中得到了众多会计专家的指导和帮助，在此表示衷心的感谢。由于时间和水平有限，书中难免有疏漏和不当之处，恳请广大读者批评指正。

编者

目　录

项目一

实训准备

 **实训目的**

　　了解初级会计实训的目的、内容、要求与考核方法，为开展实训工作做好准备。

 **实训内容**

　　撰写初级会计实训的主要核算内容和要求。

 **实训方法**

　　分组讨论初级会计实训的内容和要求，代表发言。个人在实训报告上填写实训目的、内容和要求。

 **实训要求**

　　熟悉初级会计实训的准备工作，掌握初级会计实训的目的、内容和要求，掌握实训报告的撰写方法。

任务一

了解初级会计实训的目的、内容和要求

一、初级会计实训的目的

初级会计实训教学内容丰富，包括会计操作的全部技能，也就是从填制原始凭证、记账凭证到登记账簿，从日常会计核算到编制会计报表，要求学生掌握初级会计手工实训的基本知识与技能。所以，初级会计实训是对学生所学会计基础知识和初级会计技能的综合检验。

（一）理论联系实际，巩固理论知识

长期以来，对于会计专业的学生来说，理论联系实际主要是到企业实习。实践证明，这种做法对改变理论脱离实际曾起到一定的作用，但这种做法本身存在三个难以解决的问题：首先，企事业单位不愿意接收实习生；其次，实习单位业务量有限，学生通过实习学习到的知识不全面；最后，由于学生没有完全掌握会计基本技能，企业会计人员不敢大胆放手让学生实际操作，一般只是让学生看凭证、账表，导致实习变为参观，只是"走过场"，从而达不到应有的目的。

为了解决以上难题，使理论更好地联系实际，锻炼和提高学生的基本技能，现在许多学校建立了会计实验室，进行仿真实训，让学生"真刀真枪"地操作，收到了良好的效果。通过实训，学生可以更加牢固地掌握理论知识，同时将其转化为实践能力。

（二）通过实际操作，锻炼和提高实际工作能力

会计专业是实用型专业，会计学是一门实践性很强的学科。而在初级会计实务教学中，存在着理论与实际工作相脱节的问题。开展会计实训教学，对学生进行技能培训，在教师的指导下用企业财务部门使用的真实凭证、账表，按照《会计基础工作规范》和《企业会计准则》的规定让学生进行实际、全面、系统的操作演练，可以提高学生的实际工作能力，为将来工作奠定良好的基础。

（三）通过严格的实训，掌握和提高基本技能

根据初级会计实训教材及有关资料进行实训，无论是根据经济业务填制原始凭证，还是根据原始凭证填制记账凭证，以及登记账簿、编制报表等，均要求学生与在职会计人员一样，严格按照《会计基础工作规范》的有关规定，用正式凭证、账表进行操作。例如，支票应严格按照银行结算办法的要求填写；填制会计凭证的字迹必须清晰、工整，不得潦草；登记账簿时，应将会计凭证日期、编号、业务内容摘要、金额和其他有关资料逐项填入，做到数字准确、摘要清楚、登记及时；账簿中文字及数字不要写满格，一般占1/2以下；对账、结账和错账更正方法等，均应严格按规定使用；易被忽视的阿拉伯数字的书写

也必须符合要求。所有这些基本技能都要经过严格的实践才能掌握和提高。

（四）检查学生初级会计实务专业知识的学习情况

《初级会计实务》科目考试对于部分学生来说，即使顺利通过理论知识的考核，但从知识应用性的角度来说，其认知和理解远远不够，这样不太适用于检查初级会计实务学习的效果。通过初级会计实训的综合学习和实训强化，教师可以检查学生初级会计实务知识的掌握情况，同时查漏补缺、弥补差距，检查学生的实际操作能力，使学生走上工作岗位后能得心应手、游刃有余。

二、初级会计实训的内容

根据对财会人员基本技能的要求，我们将会计基本技能要求分为 17 个实训项目，有一些是单项实训，有一些是连续的综合实训。具体如下：

（1）阿拉伯数字的书写；

（2）汉字大写数字的书写；

（3）大小写金额的书写；

（4）原始凭证的填制；

（5）原始凭证的审核；

（6）记账凭证的填制；

（7）记账凭证的审核；

（8）建账；

（9）记账；

（10）错账更正；

（11）对账与结账；

（12）试算平衡表的编制；

（13）总分类账户和明细分类账户发生额及余额对照表的编制；

（14）银行存款余额调节表的编制；

（15）会计报表的编制；

（16）科目汇总表账务处理程序；

（17）会计凭证的装订保管。

三、初级会计实训的方法

线下实操与线上实操练习。

四、初级会计实训的要求

通过实训，学生应该达到的要求是：

（1）掌握会计核算的基本理论和基本方法。

（2）掌握票据的识别技术。

（3）掌握写算基本功。掌握文字和数字书写基本功，书写文字和数字要规范、整洁、流畅、清晰，易于辨认。写算能力是会计人员最基本的业务素质要求。写，包括文字与数字的书写，应清晰、流畅、规范；算，主要是计算汇总能力，应快速、准确。

（4）填制和审核会计凭证。填制和审核会计凭证是会计核算工作的起点，是会计工作的基本环节。填制和审核会计凭证包括填制和审核原始凭证、记账凭证。

（5）登记账簿。即根据审核无误的原始凭证及记账凭证，按照国家统一会计制度规定的会计科目，运用借贷记账法将经济业务序时地、分类地登记到账簿中。登记账簿是会计核算工作的主要环节。

（6）编制会计报表。会计报表是用以总括地反映企业在一定时期内的经济活动及其结果的一种书面文件。编制会计报告是将日常分散的会计资料，按照一定的要求和原则，定期加以归类、整理、汇总成有关方面所需要的会计信息的一种专门方法。其中，会计报表是会计报告的主体内容。

（7）熟悉会计法规，了解国家有关税种的征收规定。

任务二

了解初级会计实训的组织与考核方法

一、初级会计实训的组织

教师将学生分成若干小组，由各组负责人领取实训所需的各类资料并进行分发。具体包括：

（1）会计综合实训资料袋；

（2）普通记账凭证；

（3）明细账页；

（4）科目汇总表；

（5）记账凭证封皮若干张；

（6）订本式会计账簿；

（7）资产负债表和利润表。

另外，准备记账笔、墨水（黑、蓝和红色）、小刀、直尺、橡皮、铅笔、胶水、剪刀、账夹、口取纸、垫板、夹子、曲别针、大头针、印台、打孔装订器、绳若干等，大家可共同使用。

二、初级会计实训的考核方法

为了使实训教学取得良好的效果，必须加强对实训教学质量的评价与考核，对学生实训成绩和教师工作质量要进行严格考核并做出全面、客观的评价。为了全面、公正地评价教学效果，必须从学生的学、教师的教两方面进行双向考核，即教师对学生进行考核评价，学生对教师进行考核评价。考核着重对技能整体水平的评估。

在实训教学中，对学生的考核要求如下：

（1）态度端正、认真；

（2）掌握实训方法；

（3）掌握基本操作技能；

（4）具有一定的分析、处理问题和研究创新能力。

在实训教学中，对教师的考核要求如下：

（1）教学态度好，耐心指导学生；

（2）具有指导学生实训的能力；

（3）能够执行实训计划。

对学生考核的具体方法如下：

（1）日常操作情况的考核。此部分占实训总成绩的30％。由指导教师不定时对学生的操作情况进行检查，再根据检查情况进行成绩评定。

（2）对凭证、账簿、报表完成情况的考核。此部分占总成绩的50％，由指导教师检查凭证、账簿、报表的完成情况并进行成绩评定。检查时应注意这些实训资料的正确性、及时性、规范化等。

（3）出勤的考核。此部分占实训成绩的20％。按学生的实际出勤情况进行成绩评定。

项目二

识别票据与训练会计数字书写

实训目的

1. 掌握基本的票据识别技能；通过阿拉伯数字及汉字大小写数字的标准训练。

2. 掌握会计金额数字的书写技能及要求，做到书写规范、清晰美观。

实训内容

1. 票据识别技能的训练。

2. 阿拉伯数字小写的书写训练。

3. 汉字大写数字的书写训练、大小写金额的书写训练。

实训方法

线下实操训练。

实训要求

1. 熟悉票据识别要求，借助实物的反复练习，掌握票据的识别技能。

2. 反复练习阿拉伯数字小写及汉字大写数字的标准写法，做到大小写金额数字书写流畅、标准规范、清晰美观。

识别票据

票据是出票人依法签发的，指示他人无条件支付一定金额给收款人或持票人的有价证券，即某些可以代替现金流通的有价证券。正因为票据的这种特性，近年来，审计工作中发现某些单位支出票据的真实性无法保证，虚假发票入账现象仍然存在。所以，会计人员在遵守职业操守的前提下，应具备一定的票据识别能力。票据识别能力，也是广大初级会计学习者走向会计岗位必备的实操技能。

一、一听

适度扯动纸张，新版票据纸张会发出清脆的声音。

二、二看

（一）彩虹印刷

为便于检查，各家银行发行的票据色彩统一。票据底纹采用彩虹印刷防伪，整张票据看起来两边为绿色、中间为紫色，绿色和紫色之间过渡柔和、自然。

（二）双色底纹印刷

仔细观察，票据底纹为绿色和淡蓝色双色，颜色鲜明、无异常色差，使用仪器看得更清晰。

（三）渗透性油墨

票据的第二排流水号码以渗透性油墨印刷，正面黑色，背面红色，效果自然，呈印染扩散状。

（四）透光观察水印安全线

票据（清分机票据除外）纸张有多色调水印，本票、汇票等纸张中有安全线，平视时颜色有深有浅，对光看显示完整黑色条带，有透光的"PJ"缩微文字。

三、三摸

用手摸票据，纸张挺括，水印、下排票据流水号有凹凸感，安全线略微凸起。

四、四测

例如，使用票据鉴别仪器快速检查 2010 版银行票据凭证。

（一）透光/红外透光检查水印和安全线

2010 版银行票据的多色调水印的层次感、立体感比 2000 版银行票据更突出；用票据鉴别仪器的红外透光、侧光检查效果更明显。

（二）紫外光检查荧光效果

在紫外光下，2010 版银行票据的主题图案和票号处有团花图案，呈绿色荧光；大写金额处红水线有微弱橘红色荧光；支票、银行汇票行徽有明亮的黄色荧光；纸张中圆弧形无色荧光纤维丝呈现红、蓝两色荧光。

（三）红外光检查底纹、边框和文字

在红外光下，2010 版银行票据票面印刷的边框、第一排票号和印刷文字消失；绿色底纹可见，淡蓝色底纹消失。在红外光闪动模式下观察效果更明显。

（四）显微放大观察

（1）在白光下观察缩微文字、框线、字体等细节；在红外侧光或白侧光下观察纤维、水印、凸印号码凹凸变化，检查号码区和金额栏是否有涂改；使用红外光放大观察双色底纹和边框是否消退，在闪动模式下更明显。

（2）红外侧光放大。观察纸张表面纤维丝是否有凸起效果；检查号码区和金额栏是否有涂改。

此外，可将白光、紫外光、红外侧光相结合，对新版票据的大小写金额及票号进行检查，应平整、完好，无类似割裂、刮磨、涂改等痕迹，有效防范变造票据。

任务二

训练书写阿拉伯数字

会计书写规范是对企业会计事项书写时采用书写工具、文字或数字、书写要求、书写方法及格式等方面进行的规范。会计文字和数字书写规范是会计的基础工作标准，直接关系到会计工作质量的优劣和会计管理水平的高低，以及会计数据资料的准确性、及时性和完整性。书写规范是衡量会计人员素质高低的标准之一。

会计书写的内容主要有阿拉伯数字的书写、汉字大写数字以及汉字书写等。

会计书写的基本规范要求有：

（1）正确，是指对经济业务发生过程中的数字和文字进行准确、完整的记载。它是会计书写的最基本的规范要求。

（2）规范，是指记载各项经济业务的书写必须符合财经法规和会计制度的各项规定。从记账、核算、分析到编制财务报告，都力求书写规范，文字表述精辟，同时要严格按书写格式写。

（3）清晰，是指书写字迹清楚，容易辨认，账目条理清晰，使人一目了然。

（4）整洁，是指无论凭证、账簿、报表，必须干净、整齐，无参差不齐及涂改现象。

一、实训目的

掌握阿拉伯数字的标准写法，做到书写规范、清晰、美观。

二、阿拉伯数字的书写要求

（1）先上后下，先左后右，数字要自右上方向左下方倾斜，约成 45 度角，高度占格高的 1/2 左右。不能潦草，不能似是而非，要一个一个地写，不能连笔。除 4 和 5 外，其他数字均要一笔写成，有圆的必须封口。

（2）书写一组数字时，字形要一致，字距要等同，左右位置居中，除 7 和 9 可伸出下格的 1/4 外，其余数字均要落笔于底线上。

（3）写错数字需要改正时，要用红笔将整个数字画一条单红线，以示注销，再用蓝黑墨水或碳素墨水钢笔在数字的正上方写上正确的数字，并在旁边加盖经办人私章或签名，以明确责任。

（4）数字 6 要比一般数字向右上方长出 1/4，下圈要明显，使其不易改作 4 和 8。

阿拉伯数字的参考字体见图 2-1。

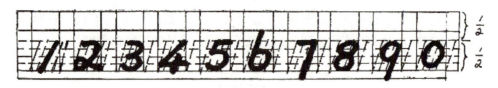

图 2-1　阿拉伯数字参考字体

【例 2-1】练习 876 360 050 的书写，将其填入图 2-2。

876 360 050

图 2-2

【例 2-2】练习 3 247 910 的书写，将其填入图 2-3。

3 247 910

图 2-3

三、训练

练习下列阿拉伯数字的书写。要求将阿拉伯数字按规范的填写要求填入表 2-1 中。练习时，也可用账页进行书写。

表 2－1　阿拉伯数字书写练习表

1	2	3	4	5	6	7	8	9	10

任务三

训练书写汉字大写数字

一、实训目的

掌握汉字大写数字的标准写法，做到书写规范、清晰、美观。

二、汉字大写数字的书写要求

（1）大写数字主要用于填制需要防止涂改的信用凭证，如收据、发票、支票及经济合同等书面凭证。大写数字是由数位和数码组成的，表示数位的文字前必须有数字。数位有个、拾、佰、仟、万、拾万、佰万、仟万、亿等。数码有零、壹、贰、叁、肆、伍、陆、柒、捌、玖，不可用〇、一、二、三、四、五、六、七、八、九代替。货币单位有元、角、分等，不能用"毛"代替"角"。

（2）字体一般为正楷或行书，要认真书写，不得连笔写。

（3）字形要均衡、平稳、美观。

汉字大写数字参考字体，如图 2－4 所示。

【例 2－3】小写金额 ￥5 680　大写应写成：人民币伍仟陆佰捌拾元整

【例 2－4】小写金额 ￥1 000 846　大写应写成：人民币壹佰万零捌佰肆拾陆元整

【例 2－5】小写金额 ￥7 230.94　大写应写成：人民币柒仟贰佰叁拾元零玖角肆分

零	壹	贰	叁	肆	伍	陆	柒	捌	玖	拾	佰	仟	万
零	壹	贰	叁	肆	伍	陆	柒	捌	玖	拾	佰	仟	万

图 2-4　汉字大写数字参考字体

【例 2-6】 小写金额 ￥86 000.10　大写应写成：人民币捌万陆仟元零壹角整

三、训练

练习下列大写数字的书写。要求将大写数字按规范的书写要求填入表 2-2 中。

表 2-2　大写数字书写练习表

零	壹	贰	叁	肆	伍	陆	柒	捌	玖	拾	佰	仟	万	元	角	分

任务四

训练书写大小写金额

一、实训目的

掌握大小写金额的标准写法，做到书写规范、清晰、美观。

二、大小写金额的书写要求

(一) 小写金额的书写要求

(1) 阿拉伯金额数字前面应当书写货币币种符号或者货币名称简写，币种符号和阿拉伯数字之间不得留有空白。凡阿拉伯数字前写出币种符号的，数字后面不再写货币单位。

(2) 以"元"为单位的阿拉伯数字，除表示单价等情况外，一律写到"角""分"；没有"角""分"的角位和分位可写"00"或者符号"—"；有"角"无"分"的，分位应当写出"0"，不得用符号"—"代替。

(3) 为了方便看数，整数部分从个位起向左每隔三位空中 1/4 字符，个位和十分位之间的数字下面应标明小数点".",也可以三位一节用分位号分开。例如:"人民币捌万零叁角整"可小写为￥80 000.30 或 80,000.30。

（二）大写金额的书写要求

（1）大写金额一般用正楷或行书书写。

（2）大写金额前没有写货币名称的,应当加填货币名称,金额数字与货币名称之间不得留有空白,以防篡改。

（3）大写金额满"拾"时,必须在"拾"前写个"壹"字。例如,￥19.00 的汉字大写为人民币壹拾玖元整。

（4）阿拉伯金额数字元位是"0"的,或者数字中间连续有几个"0",元位也是"0",但角位不是"0"时,汉字大写金额可以只写一个"零"字,也可以不写"零"字。例如,￥1 630.38,汉字大写金额应写为:人民币壹仟陆佰叁拾元零叁角捌分,或者写为:人民币壹仟陆佰叁拾元叁角捌分;又如,￥65 000.93,汉字大写金额应写为:人民币陆万伍仟元零玖角叁分,或者写成:人民币陆万伍仟元玖角叁分。

（5）在印有大写金额万、仟、佰、拾及元、角、分位置的凭证上书写大写金额时,金额前面如有空位,可画"×"注销,阿拉伯金额数字中间有几个"0"(含分位),汉字大写金额就写几个"零"字。例如,￥100.50 的汉字大写金额应写成:人民币×万×仟壹佰零拾零元伍角零分。

（6）大写金额数字到元或者角为止的,在"元"或"角"字之后应当写"整"字,例如:人民币叁拾贰元伍角整;但大写金额数字有分的,分字后面不写"整"字,例如:人民币陆万玖仟零叁角捌分。

（7）在会计核算时,票据的出票日期必须使用中文大写。为防止变造票据的出票日期,在填写月、日时,月为壹、贰的或日为壹至玖的,应在其前加"零";日为拾壹至拾玖的,应在其前加"壹"。例如:1 月 18 日应写为零壹月壹拾捌日。

三、训练

（一）将小写金额数字写成大写金额数字

（1）￥78 009.50

大写为:

（2）￥0.08

大写为:

（3）￥7 850.00

大写为:

（4）￥40 000.09

大写为:

（5）￥3 007.39

大写为:

（6）￥1 239.54

大写为：

(二) 将大写金额数字写成小写金额数字

请将下列大写金额数字对应的小写金额数字分别填入图 2-5、图 2-6、图 2-7、图 2-8 中。

（1）人民币肆拾元零角贰分。

图 2-5

（2）人民币伍万零叁拾元整。

图 2-6

（3）人民币陆拾叁亿零壹元伍角整。

图 2-7

（4）人民币伍分。

图 2-8

项目三

建账

 **实训目的**

通过设置各种会计账簿，把单位发生的经济活动按照经济业务的不同性质和详略程度进行分类，设置相关会计科目，熟悉会计账簿体系和相关会计科目，了解和掌握各种账簿的外在形式，为反映和核算会计信息、提供经济管理所需要的核算指标做准备。

 **实训内容**

依据企业建账的基本要求及实训流程，结合企业实际业务需要，练习设置企业会计核算所需的相关会计账簿。

 **实训方法**

线上和线下实操训练。

实训要求

依据企业建账的基本要求，通过实际练习企业建账的流程，掌握企业建账的基本技能。

建账实训流程如图 3-1 所示。

图 3-1 建账实训流程

会计账簿是核算和监督单位经济活动、提供会计信息的重要载体。建账工作是会计实务的初始工作，也是会计核算工作的重要环节。任何单位在开展经济业务活动之前都应根据我国《企业会计准则》的规定，结合本单位的实际需要设置必要的会计账簿，建立完整的账簿体系。

各单位应该按照会计制度的规定建立日记账、分类账和备查账。

日记账是按经济业务发生和完成时间的先后顺序进行登记的账簿。各单位应建立现金日记账和银行存款日记账。其外在形式应采用订本式，账页格式一般选用三栏式，但为了方便编制现金流量表，也可选择多栏式。

分类账包括总账（总分类账）和明细账（明细分类账）。总账是定期、分类地反映各会计要素具体项目总括情况的会计账簿，各单位应按照规范的一级会计科目，结合本单位的实际需要设置必要的总账。其外在形式应采用订本式，账页格式一般选用三栏式。

明细账是定期、分类地反映各会计要素具体项目详细情况的会计账簿。各单位可以根据本单位的实际需要在所设置的各总分类账簿下设置各自所需的多个明细账，借以提供更为详尽的会计信息。明细账的外在形式可以采用订本式、活页式和卡片式等，账页格式应根据核算对象的不同要求分别采用三栏式、多栏式、数量金额式以及各种专用账页。

一、填写账簿启用表

按照规定和需要取得各种账簿后，应在账簿的封面标明各账簿的名称，然后按照规定

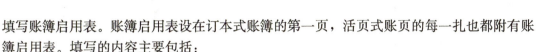

填写账簿启用表。账簿启用表设在订本式账簿的第一页，活页式账页的每一扎也都附有账簿启用表。填写的内容主要包括：

（1）账簿启用日期和启用的起止页数。

（2）记账人员和会计主管的姓名并加盖名章。

（3）单位名称（并在规定的位置上加盖单位财务专用章）。

二、按照国家税法的规定缴纳印花税

按照我国税法的规定，各单位用于经营活动的营业账簿启用时，需缴纳印花税，只有按税法规定缴足印花税的营业账簿才具有法律效力。营业账簿的印花税，按资金账簿计征。记载资金的总分类账簿，以"实收资本"和"资本公积"两个账户所记载金额合计数的万分之五（0.05%）减半缴纳印花税。

三、按照会计要素的具体项目填写账户名称

查阅我国现行《企业会计准则——应用指南》中的会计科目表，用口取纸填写各账户的会计科目，并将其粘贴在账页上。

四、填写期初余额

根据会计资料将期初余额填入各日记账、明细账和总账。

任务三

掌握建账应注意的问题

根据建账的要求和方法，建立企业会计核算所需的相关会计账簿。

一般来讲：

第一，应收账款、应收票据、其他应收款、长期待摊费用、预付账款、长期股权投资、待处理财产损溢、短期借款、应付账款、应付职工薪酬、应交税费、其他应付款、预收账款、所得税费用、税金及附加、长期借款、实收资本、本年利润、利润分配、盈余公积等账户所属明细账应采用三栏式账页。

第二，材料采购、原材料、库存商品、周转材料、主营业务成本、其他业务成本、营业外支出、主营业务收入、其他业务收入、营业外收入等账户所属明细账应采用数量金额式账页。

第三，成本类账户和制造费用、销售费用、管理费用、财务费用等账户所属的明细账应采用多栏式账页。

第四，固定资产、在建工程、应交增值税等明细账应采用专用账页。

建账时应注意下列问题：

（1）建账时书写应使用蓝黑或碳素墨水笔。

（2）建账时若发生书写错误，应按照会计法规规定的方法更正。

（3）印花税按年缴纳，由会计人员自行计算、贴花、加盖印章、划线注销。

项目四

填制与审核原始凭证

实训目的

1. 了解各类经济业务所用原始凭证的种类、格式及基本内容。

2. 掌握填制原始凭证的要求和方法，从中进一步理解和体会原始凭证的重要作用。

3. 掌握审核原始凭证的要求，熟悉原始凭证的凭证要素，为正确编制记账凭证打好基础。

实训内容

熟悉原始凭证的种类及凭证要素，练习企业各类原始凭证的填制及审核。

实训方法

线上和线下实操训练。

实训要求

1. 熟悉原始凭证的种类及凭证要素。

2. 熟练掌握原始凭证的填制及审核技能。

填制原始凭证

原始凭证实训流程如图 4-1 所示。

图 4-1　原始凭证实训流程

一、原始凭证概述

原始凭证是在经济业务发生时取得或填制的，用以证明经济业务的发生或完成情况，并作为记账原始依据的会计凭证。

原始凭证按其取得的来源不同，可以分为自制原始凭证和外来原始凭证两类。

（一）自制原始凭证

自制原始凭证，是指由本单位内部经办业务的部门或个人，在完成某项经济业务时自行填制的凭证。自制原始凭证按其手续不同，又可分为一次凭证、累计凭证和汇总原始凭证三种。

（1）一次凭证，是指只反映一项经济业务，或者同时反映若干项同类性质经济业务，一次填写完成的原始凭证。如发票、报销单等。

（2）累计凭证，是指在一定时期内连续记载若干项同类性质经济业务，并且随经济业务的发生分次填制完成的原始凭证。如限额领料单等。

（3）汇总原始凭证，是指为简化记账凭证的编制，将一定时期内若干份记录同类性质经济业务的原始凭证编制成一张汇总凭证，用以集中反映某项经济业务总括发生情况的原始凭证。如收料凭证汇总表、现金收入汇总表等。

（二）外来原始凭证

外来原始凭证，是指在同外单位发生经济业务往来时，从外单位取得的原始凭证。如取得的购货发票等。

二、原始凭证填制的基本要求

原始凭证填制的基本要求主要包括：

（1）真实可靠。要如实填列经济业务的内容和数字，不弄虚作假，不得涂改、挖补。

（2）内容完整。应该填写的项目要逐项填写（接受凭证方应注意逐项检查），不可缺漏，尤其需要注意的是：年、月、日要按照填制原始凭证的实际日期填写；名称要写完整，不能简化；品名或用途要填写明确，不能含糊不清；有关经办业务人员的签章必须齐全。

（3）填制及时。每当一项经济业务发生或完成时，要立即填制原始凭证，做到不积压、不误时、不事后补制。

（4）书写清楚。原始凭证上的数字和文字要认真填写，做到字迹清晰、整齐、容易辨认。一旦出现书写错误，不得随意涂改、刮擦、挖补，应按规定办法更改。有关货币金额收付的原始凭证，如果填写错误，不允许在凭证上进行更改，只能加盖"作废"戳记，重新填写，以免错收错付。

（5）按顺序使用。收付款项或实物的凭证要按顺序分类编号，在填制时按照编号的顺序使用，跳号的凭证应加盖"作废"戳记，不得撕毁。

（6）从外单位取得的原始凭证必须盖有填制单位的发票专用章或财务专用章；从个人取得的原始凭证必须有填制人员的签名或盖章。自制原始凭证必须有经办部门负责人或其指定人员的签名或者盖章；对外开具的原始凭证必须加盖本单位具有法律效力和规定用途的公章，如业务公章、财务专用章、发票专用章、收款专用章等。

（7）购买实物的原始凭证必须有验收证明。实物购入后，要按照规定办理验收手续，这有利于明确经济责任，保证账实相符，防止盲目采购。需要入库的实物，必须填写入库验收单，由仓库保管人员在入库验收单上如实填写实收数额，并签名或盖章。不需要入库的实物，由经办人员在凭证上签名或盖章以后，必须交由实物保管人员或使用人员进行验收，并由实物保管人员或使用人员在凭证上签名或盖章，经过购买人以外的第三者查证核实以后，会计人员才能据以报销付款并做进一步的会计处理。

（8）一式几联的原始凭证，必须用双面复写纸填写或本身就具备复写功能；必须注明各联的用途，并且只能以一联用作报销凭证；必须连续编号，作废时加盖"作废"戳记，连同存根一起保存。

（9）发生销货退回及退还货款时，必须填制退货发票，并且附有退货验收证明和对方单位的收款收据，不得以退货发票代替对方的收据。如果情况特殊，可先用银行的有关凭证作为临时收据，如汇款回单等，待收到收款单位的收款证明以后，再将其附在原付款凭证之后，作为正式原始凭证。

（10）职工因公出差借款应填写正式收据，附在记账凭证之后。职工借款时，应由本人填制借款单，经审核并签名或盖章，然后办理借款。借款收据是此项借款业务的原始凭证，在收回借款时，应当另开收据或者退还借款收据的副本，不得退还原借款收据。

（11）经上级有关部门批准的经济业务，应当将批准文件作为原始凭证附件。如果批准文件需要单独归档，应当在凭证上注明批准机关名称、日期和文件字号。

三、原始凭证的审核

原始凭证按取得的来源不同分为外来原始凭证和自制原始凭证。外来原始凭证绝大部分不是本单位财会人员填制的，而是由有关单位或本单位有关人员填制的。

根据《中华人民共和国会计法》的有关规定，为了保证原始凭证的真实性、完整性、合法性与正确性，保证会计数据的质量和充分发挥会计的监督作用，会计机构无论是对外来原始凭证还是对自制原始凭证，都应严格认真地审核。只有经过审核无误的原始凭证，才能作为填写记账凭证和登记账簿的依据。

（一）原始凭证的审核要求与方法

1. 真实性审核

（1）开出、接收原始凭证的单位以及填制、取得原始凭证的责任人是否真实。

（2）所反映的经济业务发生的时间、地点和填制凭证的日期是否真实。

（3）所反映的经济业务的内容是否真实。

（4）所反映的经济业务的数量、单价、金额是否真实。

2. 完整性审核

（1）原始凭证应具备的凭证要素是否完整。包括凭证的名称、凭证的填制日期和经济业务的发生日期、填制凭证单位名称、填制人姓名、经办人签名或盖章，以及接收原始凭证单位名称、经济业务内容、数量、单价、金额等。

（2）原始凭证的办理手续是否齐全。

3. 合法性审核

审核所反映的经济业务是否在会计法规、会计制度和计划预算允许的范围内。

4. 正确性审核

根据原始凭证的填写要求，审核原始凭证的摘要和数字及其他项目填写是否正确，数量、单价、金额、合计数填写是否正确，大小写金额是否相等、书写是否规范。

只有符合要求的原始凭证，才能作为填写记账凭证和登记账簿的依据。凡是不符合要求的原始凭证，不能作为填写记账凭证和登记账簿的依据，并应视不同情况处理：对于不够完整、正确的原始凭证，应退回并责成有关人员改正或重新填制，经再次审核无误后才能据此填写记账凭证；对于不真实、不合法的原始凭证，应按规定拒绝办理会计手续。

（二）审核原始凭证应注意的问题

由于原始凭证种类繁多，在对不同原始凭证进行审核时，审核的要求与方法也是有区别的。下面介绍三种常用原始凭证及其在审核中应注意的问题。

1. 普通发票

普通发票，是指在购销商品、提供或者接受劳务以及从事其他经营活动中开具的收付款凭证。国家税务总局统一负责全国发票的管理工作，发票的种类、联次、内容及适用范围由国家税务总局规定；发票由省、自治区、直辖市税务机关指定的企业印刷。普通发票应当套印全国统一发票监制章，增值税专用发票由国家税务总局统一印制。禁止私印、伪造、变造发票。普通发票实行不定期换版制度。

依法办理税务登记的单位和个人在领取税务登记证件后，向主管税务机关申请领购普通发票。领购发票的单位和个人应当凭发票领购簿核准的种类、数量以及购票方式，向主管税务机关申请领购发票，所有单位和从事生产、经营活动的个人在购买商品、接受劳务以及从事其他经营活动支付款项时，应当从收款方取得发票。开票人员应当按照规定的时限、顺序，逐栏、全部联次一次性如实开具发票，并加盖单位财务印章或者发票专用章。发票限于领购单位和个人在本省、自治区、直辖市内开具。任何单位和个人未经批准，不得跨规定的使用区域携带、邮寄、运输空白发票。禁止携带、邮寄或者运输空白发票出入境。

开具发票的单位和个人应当建立普通发票使用登记制度，设置发票登记簿，并定期向主管税务机关报告发票使用情况。开具发票的单位和个人应当按照税务机关的规定存放和保管发票，不得擅自损毁。已开具的发票存根联和发票登记簿应当保存 5 年。保存期满，报经税务机关查验后销毁。

2. 增值税专用发票

（1）增值税专用发票（以下简称专用发票）只限于增值税的一般纳税人领购使用，增值税小规模纳税人和非增值税纳税人不得领购使用。专用发票一般是机打发票。

（2）下列情形不得开具专用发票：向消费者销售应税项目；销售免税项目；销售报关出口的货物、在境外销售应税劳务；将货物用于集体福利或个人消费；将货物无偿赠送他人；提供非应税劳务（应当征收增值税的除外），转让无形资产或销售不动产。向小规模纳税人销售应税项目，可以不开具专用发票。

（3）专用发票的基本联次统一规定为三联，各联次必须按以下规定用途使用：第一联为存根联，销货方作销售的记账凭证，由销货方留存备查；第二联为发票联，购货方作付款的记账凭证；第三联为税款抵扣联，购货方作扣税凭证。全部联次一次填开，上、下联的内容和金额必须一致；发票联和抵扣联加盖财务专用章或发票专用章；不得拆本使用专用发票；不得开具票样与国家税务总局统一制定的票样不相符合的专用发票。

（4）开具专用发票必须字迹清楚，不得涂改，如填写有误，应另行开具专用发票；并在误填的专用发票上注明"误填作废"四字。如专用发票开具后因购货方不索取而成为废票，也应按填写有误处理。按规定使用机打发票的，必须执行机打发票的规定。

（5）专用发票使用单位应配置荧光鉴别仪（紫外线灯）识别专用发票的发票联及抵扣联，真发票印有有色荧光"监制章"、无色荧光油墨印制的"国家税务总局监制"和两朵"梅花"（十字形花瓣）。不得使用无防伪标记的专用发票，任何单位都有权拒收无防伪标记的专用发票，由于使用、收取无防伪标记的专用发票造成的经济损失，由使用、收取单位负责。

（6）销售货物并向购买方开具专用发票后，如发生退货或销售折让，应视不同情况分别办理。

（7）除购进免税农产品和自营进口货物外，购进应税项目有下列情况之一者，不得抵扣进项税额：未按规定取得专用发票；未按规定保管专用发票；财政部规定的其他不符合抵扣进项税额要求的情况。

3. 支票

支票是在经济业务中常用的一种票据。根据 1995 年 5 月 10 日颁布、2004 年 8 月 28 日修订的《中华人民共和国票据法》的规定，在使用支票时应注意以下问题：

（1）支票分为现金支票和转账支票。支票中专门用于支取现金的，可以另行制作现金支票，现金支票只能用于支取现金。支票中专门用于转账的，可以另行制作转账支票，转账支票只能用于转账，不得支取现金。

（2）支票必须记载下列事项：表明"支票"的字样，无条件支付的委托，确定的金额，付款人名称，出票日期，出票人签章。支票上未记载上述事项之一的，支票无效。

（3）支票上的金额可以由出票人授权补记，未补记前的支票，不得使用。

（4）支票上未记载收款人名称的，经出票人授权，可以补记。支票上未记载的付款地，付款人的营业场所为付款地。支票上未记载出票地的，出票人的营业场所、住所或者经常居住地为出票地。出票人可以在支票上记载自己为收款人。

（5）支票的出票人所签发的支票金额不得超过其付款时在付款人处实有的存款金额。超过的，为空头支票。禁止签发空头支票。

（6）支票的出票人不得签发与其预留本名的签名式样或者印鉴不符的支票。

（7）出票人必须按照签发的支票金额承担保证向持票人付款的责任。出票人在付款人处的存款足以支付支票金额时，付款人应当在当日足额付款。

（8）支票限于见票即付，不得另行记载付款日期。另行记载付款日期的，该记载无效。

（9）支票的持票人应当自出票日起10日内提示付款；异地使用的支票，其提示付款的期限由中国人民银行另行规定。超过提示付款期限的，付款人可以不予付款；付款人不予付款的，出票人仍应当对持票人承担票据责任。

（10）付款人依法支付支票金额的，对出票人不再承担受托付款的责任，对持票人不再承担付款的责任。但是，付款人以恶意或者有重大过失付款的除外。

审核原始凭证

一、原始凭证的审核要求

为了如实地反映经济业务的发生和完成情况，充分发挥会计的监督职能，保证会计信息的真实、完整，会计人员必须对原始凭证进行严格的审核。审核的内容主要包括：

（1）凭证上记载的内容必须真实可靠，不允许有任何的歪曲和造假。从外单位获取的原始凭证如果遗失，应取得原签发单位盖有财务专用章的证明，证明上应注明原始凭证的号码和所记载的内容，由经办单位负责人批准后，代作原始凭证；对遗失后确实无法获得证明的，如火车票等，可由当事人写出详细情况，由经办单位负责人批准后代作原始凭证。

（2）填制原始凭证必须做到手续完备，符合会计主体内部牵制制度的要求。从外部获得的原始凭证必须有填制单位的公章或财务专用章及填制人员的签章。自制原始凭证必须有相关部门和经办人员的签名或签章。购买实物的原始凭证，必须有实物验收单佐证。

（3）原始凭证的内容必须填写完整，而且必须做到书写清楚、规范。原始凭证中的各项内容都必须详尽填写，不得漏填或省略不填。凡项目填写不全的凭证，都是无效凭证。凭证上的文字、数字的书写必须字迹工整、清晰，容易辨认。凡设有大小写金额的原始凭证，其大写金额必须与小写金额相符。填写原始凭证出现错误时，应当由出具单位重开或者更正，更正处应加盖出具单位印章。原始凭证金额有错误的，不能在凭证上修改，应按规定的手续注销留存（原出具单位留存），由出具单位重新填写。

（4）原始凭证必须连续编号，以备查考。一些事先编好号码的重要凭证（如发票）作废，应在作废凭证上加盖"作废"戳记，连同存根一起保存，不得随意撕毁。

（5）每笔经济业务发生或完成后，经办该业务的部门和人员都必须及时、认真地填写原始凭证，做到不拖延、不积压，并及时地按规定程序把原始凭证送交财会部门。

二、不同种类原始凭证的审核内容

对原始凭证填写情况进行审核，主要检查项目有：填写是否完整，计算是否准确，手续是否完备。

（1）支票。主要审核支票种类是否正确，是否用碳素墨水书写，支票内容、开户行名称、签发人账号、收款人是否正确，用途是否合理，大小写金额是否一致，存根与正本是否相符，签章是否齐全，不准更改的内容是否更改，允许更改的内容更改后是否加盖了印鉴等。

（2）借款单。主要审核审批人是否签名，大小写金额是否一致，借款人是否签名等。

（3）收据。主要审核交款人、款项内容是否正确，大小写金额是否一致，是否加盖现金收讫章等。

（4）发票。主要审核是否印有税务局监制章，购货单位、商品或劳务名称是否正确，金额计算是否正确，大小写金额是否一致，是否加盖供货单位发票专用章等。

（5）收料单。主要审核验收是否及时，收料单内容是否与发票一致，发票数量与实收数量是否一致，验收人是否签名等。

（6）领料单。主要审核金额计算是否正确，签名是否齐全等。

（7）现金存款单。主要审核收款人、账号及开户行名称是否正确，大小写金额是否一致等。

（8）转账进账单。主要审核收付款人、账号及开户行名称是否正确，进账单上的金额是否与支票一致，大小写金额是否一致等。

三、原始凭证的审核训练

对下列原始凭证进行审核，并指明存在的问题和处理办法。

天津盛丰机械制造有限公司20××年12月发生的经济业务如下。

【业务4-1】12月1日，收到北京浩天科技开发有限公司存入公司账户的投资款530万元。

银行进账单如图 4-2 所示。

图 4-2　银行进账单

【业务 4-2】12 月 6 日，办理银行承兑汇票一张，由采购员张良到天津金江商贸有限公司购买材料，金额为 500 000 元。

银行承兑汇票如图 4-3 所示。

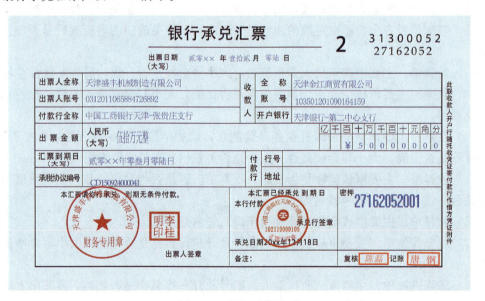

图 4-3　银行承兑汇票

【业务 4-3】12 月 8 日，开出转账支票 2 260 元，支付向天津天使文化用品商贸有限公司购买办公用品的费用。

增值税专用发票如图 4-4 所示，转账支票如图 4-5 所示。

【业务 4-4】12 月 9 日，销售 5 台切割机给天津荣天商贸有限公司，售价为 10 000 元/台，增值税税率为 13%，票已收，款项尚未收到。

增值税专用发票如图 4-6 所示。

图 4-4　增值税专用发票

图 4-5　转账支票

图 4-6　增值税专用发票

训练填制原始凭证

完成以下原始凭证的业务训练，掌握原始凭证的填制方法。

天津盛丰机械制造有限公司20××年12月发生的有关经济业务如下。

【业务4-5】12月2日，开出现金支票，办理销售部主管李刚预借差旅费3 000元。

要求：根据业务描述填制相关原始凭证（见图4-7、图4-8）。

借款单

单位：　　　　　　　　　　　　　　　　　　　　　日期：　　年　　月　　日

部门		经手人	
用款方式	□ 现金　　□ 支票　　□ 电汇　　□ 其他		
用途			
借款金额（大写）		借款金额（小写）：	
总经理		财务经理	

核算：　　　　　　会计：　　　　　　领款人：

图4-7　借款单

图4-8　现金支票

【业务4-6】12月3日，从天津一汽汽车服务有限公司临时租用仓库，支付租金2 180

元，以转账支票支付，收款人为王玲。

要求：根据业务描述及相关外来原始凭证（见图4-9），填制转账支票（见图4-10）。

图4-9　增值税专用发票

图4-10　转账支票

【业务4-7】12月4日，从天津长瑞华通科技发展有限公司购入一台不需要安装的产品检测设备，使用年限为10年，用平均年限法计提折旧。增值税专用发票上注明的买价为63 000元，增值税税额为8 190元，款项均通过银行汇兑方式支付。

要求：根据业务描述及相关外来原始凭证（见图4-11），填制银行业务委托书（见图4-12）。

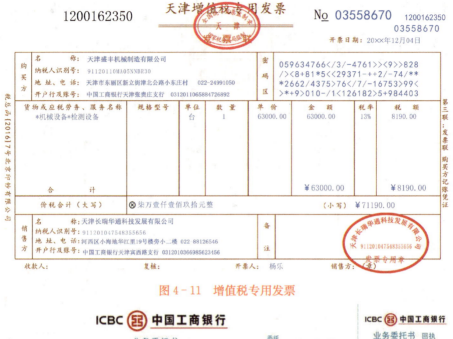

图4-11　增值税专用发票

图4-12　银行业务委托书

【业务4-8】12月7日，李刚报销差旅费2 532元，交回现金468元（不考虑增值税和其他因素影响）。具体情况如下：

（1）交通费：天津—杭州往返车票金额988元；

（2）住宿费：每天250元，出差4天共计1 000元；

（3）伙食补助费：每天100元，共计400元；

（4）其他费用：电话费 100 元，出租车费 44 元。

要求：根据业务描述及相关外来原始凭证（见图 4-13～图 4-17），填制差旅费报销单及收据（见图 4-18、图 4-19）。

图 4-13　火车票（去程）

图 4-14　火车票（返程）

图 4-15　增值税普通发票

图 4-16 客运出租行业专用发票

图 4-17 增值税普通发票

差旅费报销单

单位：　　　　　　　　　　　　　　　　　　　　　　　　日期：

部门							报销人				
起讫日期				天数	起讫地点		车船费	出差补助	住宿费	交通费	话费
月	日	月	日		起	止					
费用小计											
报销合计（大写）							报销合计（小写）				
总经理							财务经理				

审核：　　　　　　　　　　会计：　　　　　　　　　　领款人：

图 4 - 18　差旅费报销单

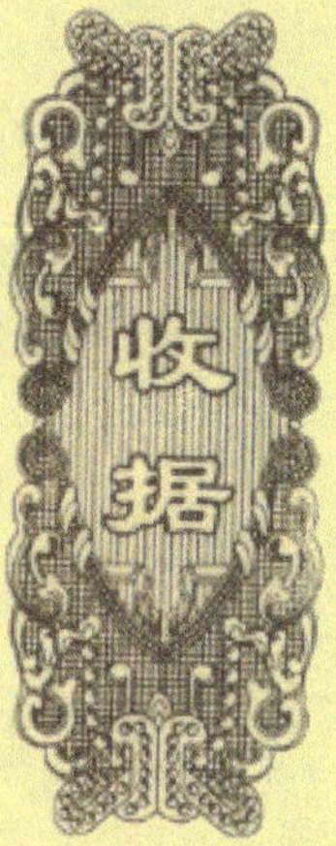

______年____月____日　　　№ 7512021

今收到____________________

交　来____________________

人民币（大写）____________________

¥__________

收款单位
公　　章________　　收款人　　交款人

第三联　记账

图 4 - 19　收据

【业务 4 - 9】12 月 9 日，公司财务人员到开户银行购买转账支票和现金支票各一本，售价为 30 元/本，工本费为 25 元/本，手续费为 5 元/本（不考虑增值税和其他因素影响）。

要求：根据业务描述填制银行收费凭证（见图 4 - 20）。

ICBC 中国工商银行 收费凭证

年　月　日

户　名			账　号			
收费项目		数量	单价	工本费	手续费	邮电费
转账支票						
现金支票						
金额合计						

金额合计 （大写）		亿 千 百 十 万 千 百 十 元 角 分

划款方式　□现金　□转账

第三联　客户回单

出纳　　　　　　　复核　　　　　　　记账

图 4-20　工商银行收费凭证

项目五

填制与审核记账凭证

 **实训目的**

    1. 掌握记账凭证的概念及分类。

    2. 掌握记账凭证的填制要求和填制方法。

    3. 掌握记账凭证的审核要求。

实训内容

    1. 如何填制通用记账凭证。

    2. 如何审核记账凭证。

 **实训方法**

    线上与线下实操训练。

实训要求

    1. 掌握记账凭证的填制要求。

    2. 能独立完成记账凭证的填制训练。

    3. 掌握记账凭证审核中应注意的问题。

填制记账凭证

记账凭证实训流程如图5-1所示。

图5-1　记账凭证实训流程

一、记账凭证概述

记账凭证是会计人员根据审核无误的原始凭证或汇总原始凭证，用来确定经济业务应借、应贷的会计科目和金额而填制的，作为登记账簿直接依据的会计凭证。记账凭证是登记日记账、总分类账及各明细分类账的依据。

记账凭证按其适用的经济业务分为专用记账凭证和通用记账凭证两类。

（一）专用记账凭证

专用记账凭证，是用来专门记录某一类经济业务的记账凭证。专用记账凭证按其所记录经济业务是否与货币资金的收付有关，又分为收款凭证、付款凭证和转账凭证三种。

1. 收款凭证

收款凭证是用来记录现金和银行存款收入业务的记账凭证，根据现金和银行存款收款业务的相关原始凭证填制。

2. 付款凭证

付款凭证是用来记录现金和银行存款支出业务的记账凭证，根据现金和银行存款付款业务的相关原始凭证填制。

收款凭证和付款凭证既是登记现金日记账、银行存款日记账、总分类账和明细分类账的依据，也是出纳人员收、付款项的依据。对于现金和银行存款之间的划转业务，为了避免重复登账，通常只编制付款凭证。如企业从银行提取现金，只编制银行存款付款凭证；反过来，企业将现金存入银行，只编制现金付款凭证。

3. 转账凭证

转账凭证是用来记录与现金和银行存款收付业务无关的经济业务的记账凭证，根据与现金和银行存款收付业务无关的各项原始凭证填制。

（二）通用记账凭证

通用记账凭证不再分为收款凭证、付款凭证和转账凭证，而是以一种格式记录全部经济业务。在经济业务比较简单的经济单位，为了简化凭证，可以使用通用记账凭证记录所发生的各种经济业务。

收款凭证、付款凭证及转账凭证，根据经济业务内容的不同分别使用，而通用记账凭证可以记录所有经济业务。如果业务量多，选择专用记账凭证会更清晰。如果业务量少，则可以使用通用记账凭证。本教材项目八核算小微企业经济业务，就是采用通用记账凭证。

二、记账凭证的填制要求

各种记账凭证的填制，除了满足填制原始凭证的要求外，还必须注意以下几点：

（1）填制记账凭证，可以根据每份原始凭证单独填制，也可以根据同类经济业务的多份原始凭证汇总填制，还可以根据汇总原始凭证填制。

（2）内容填写必须齐全，记账凭证的填写内容一般包括：凭证的日期；凭证编号；经济业务事项摘要；应记录的会计科目、方向和金额；记账符号；记账凭证所附原始凭证的张数；记账凭证的填制人员、稽核人员、记账人员和会计主管人员的签名或盖章；此外，收、付款凭证还需要出纳人员的签章。填写时应逐项进行，不得遗漏。出纳人员根据收付款凭证收付款项，要在凭证上加盖"收讫"或"付讫"戳记，以免重复收付，防止差错。

（3）记账凭证的摘要既是对经济业务的简要说明，又是登记账簿的重要依据，必须针对不同性质的经济业务的特点，考虑到登记账簿的需要，正确填写，简明扼要，明确清晰。

（4）必须按照会计制度统一规定的会计科目，根据经济业务的性质编制会计分录，以保证核算口径一致，便于综合汇总。

（5）记账凭证的日期。收、付款凭证应按货币资金收付的日期填写；转账凭证原则上应按收到原始凭证的日期填写。如果一份转账凭证依据不同日期的某类原始凭证填制，可按填制凭证日期填写。月终，若有些转账业务要等到下月初才能填制转账凭证，则可按月末的日期填写。

（6）记账凭证在一个月内应当连续编号，以便查核。在使用通用记账凭证时，可按经济业务发生的顺序编号。采用收款凭证、付款凭证和转账凭证的，可采用字号编号法，即按凭证类别按顺序编号。例如现收字第×号、现付字第×号、银收字第×号、银付字第×号、转字第×号等。一笔经济业务需要编制两张以上转账凭证时，可采用分数编号法。例如，一笔经济业务需要编制两张转账凭证，凭证的顺序号为 10 号，可编为转字第 $10\frac{1}{2}$ 号、转字第 $10\frac{2}{2}$ 号。前面的整数表示总顺序号，分母表示此笔业务共编制两张记账凭证，分子表示两张中的第一张和第二张，如图 5 - 2 所示。

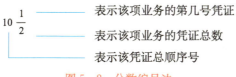

图 5 - 2 分数编号法

（7）记账凭证上应注明所附的原始凭证张数，以便查核。如果根据同一原始凭证填制数张记账凭证，则应在未附原始凭证的记账凭证上注明"附件××张，见第××号记账凭证"。如果原始凭证需要另行保管，则应在附件栏内加以注明，但更正错账和结账的记账凭证可以不附原始凭证。

（8）金额填写应准确，每张记账凭证必须填写合计金额，并在合计金额前加人民币符号"￥"，并在金额栏最后一笔的金额数字下至合计金额之间的空栏处画对角线注销。

（9）在同一项经济业务中，如果既有现金或银行存款的收付业务又有转账业务，应相应地填制收、付款凭证和转账凭证。如业务员出差回来，报销差旅费500元，出差前已预借1 000元，将剩余款项用现金交回。对于这项经济业务，应根据收款收据的记账联填制现金收款凭证，同时根据差旅费报销凭单编制转账凭证。

（10）记账凭证登记入账后，应在记账栏标明已入账的标记"√"，并由记账人员在记账凭证上签章。

（11）记账凭证如果填错，应该作废重填。

三、记账凭证的审核

一般来说，记账凭证的审核可采用自审、互审、序审和专审等形式。记账凭证的审核一般包括下述内容。

（一）填制依据是否真实

记账凭证一般应附有原始凭证（特定情况除外），审核时要注意，其所附原始凭证是否手续齐全，记账凭证与所附原始凭证的内容是否一致，汇总凭证与其所附凭证内容是否一致。

（二）填写项目是否齐全

主要审核记账凭证的日期、摘要、会计科目的明细科目、凭证编号、所附附件数量、有关人员的签字或盖章是否齐全等。

（三）会计科目使用是否正确

主要审核记账凭证上填写的总账科目、明细科目及细目是否正确，其名称是否为全称，会计科目前后使用是否一致。

（四）金额计算是否准确

主要审核记账凭证所记录的金额与原始凭证的有关金额是否一致，记账凭证汇总表的金额与记账凭证的金额合计是否相符，原始凭证中的数量、单价、金额计算是否准确等。

（五）记账凭证书写是否正确

主要审核记账凭证中的记录是否文字工整、数字清晰，是否按规定使用蓝黑墨水或碳素墨水，是否按规定进行更正等。

另外，出纳人员在办理收款或付款业务后，应在凭证上加盖"收讫"或"付讫"的戳记，以避免重复收付。

只有符合规定的记账凭证，才能作为登记账簿的依据；凡不符合规定的记账凭证，不能作为登记账簿的依据，并视不同情况进行处理，如项目不全，应要求补齐等。

错误的凭证，要采用规范的方法更正或重新填制，经再次审核无误后，才能作为登记账簿的依据。

任务二

训练填制记账凭证

完成以下记账凭证的业务训练，掌握记账凭证的填制方法。

天津盛丰机械制造有限公司 20××年 12 月发生以下经济业务。

【业务 5-1】 12 月 1 日，收到天津荣天商贸有限公司开出的转账支票 100 000 元，以偿还前欠货款，当日送存银行。

要求：根据业务描述及相关外来原始凭证（见图 5-3、图 5-4），填制收款凭证（见凭证 5-1）。

中国工商银行 转账支票 10305223
0122222
出票日期（大写） 贰零×× 年 壹拾贰 月 零壹 日 付款行名称：中国工商银行天津展望支行
收款人：天津盛丰机械制造有限公司 出票人账号：6302010002500008859
人民币（大写） 壹拾万元整 亿千百十万千百十元角分 ¥10000000
用途 货款 密码 123456789987
上列款项请从我账户内支付 行号 102110000285
出票人签章 复核 记账
付款期限自出票之日起十天
天津荣天商贸有限公司 财务专用章
英孙 印春

图 5-3 转账支票

ICBC 中国工商银行 进账单（回 单） 2

20××年 12 月 01 日

出票人	全称	天津荣天商贸有限公司	收款人	全称	天津盛丰机械制造有限公司
	账号	6302010002500008859		账号	0312011065884726892
	开户银行	中国工商银行天津展望支行		开户银行	中国工商银行天津张贵庄支行
金额	人民币（大写）	壹拾万元整		亿千百十万千百十元角分	¥10000000
票据种类	转账支票	票据张数 1			
票据号码	0122222				
复核 记账			该业务已提交中国工商银行天津张贵庄支行待后续处理		开户银行签章

此联是开户银行交给持（出）票人的回单

图 5-4 进账单

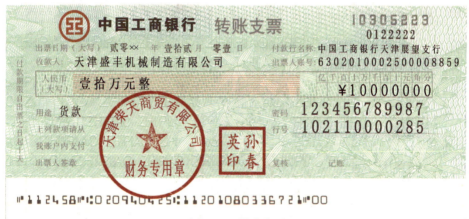

凭证 5 - 1

收款凭证

借方科目：		年 月 日		字第 号	

摘要	贷方科目	金额 千百十万千百十元角分	记账符号
	合计金额		

会计主管　　　记账　　　稽核　　　出纳　　　制单

附单据　张

【**业务 5 - 2**】12 月 2 日，以现金 2 621.6 元支付天津乐购生活购物有限公司，用于办公室购买计算器 25 部。

要求：根据业务描述及相关外来原始凭证（见图 5 - 5），填制付款凭证（见凭证 5 - 2）。

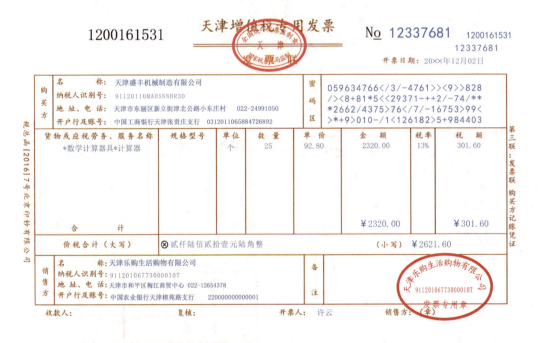

图 5 - 5　增值税专用发票

凭证 5-2

付款凭证

贷方科目：　　　　　　　　　　年　月　日　　　　　　　字第　号

摘要	借方科目	金额									记账符号
		千	百	十	万	千	百	十	元	角	分	
	合计金额											

附单据　张

会计主管　　记账　　稽核　　出纳　　制单

【业务 5-3】12月4日，公司于11月28日购买的原材料牵引杆10吨运达公司且全部入库，相关票款已于11月15日以银行存款结清。

要求：根据业务描述及相关原始凭证（见图5-6），填制转账凭证（见凭证5-3）。

入 库 单（记账）
STOCK IN　№ 5925543

20××年 12 月 04 日　　对方科目 银行存款

名称 Product name	单位 Unit	数量 Quantity	单价 Unit Price	金额 AOMOUT									备注 REMARK
				百	十	万	千	百	十	元	角	分	
牵引杆	吨	10	5000.00		5	0	0	0	0	0	0		
合计				¥	5	0	0	0	0	0	0		

附件 1 张

主管 Director 陈磊　　会计 Accountant 陈丽娟　　保管员 Storeman 魏强　　经手人 Handler 唐钢

图 5-6　入库单

凭证 5-3

转账凭证

年　月　日　　　　　　　　　　　字第　号

摘要	会计科目	金额 千百十万千百十元角分	金额 千百十万千百十元角分	记账符号	
					附单据　张
	合计金额				

会计主管　　　　记账　　　　稽核　　　　出纳　　　　制单

【业务 5-4】12 月 7 日，管理部主管邢敏报销差旅费 2 632，交回现金 368 元（不考虑增值税和其他因素影响）。具体情况如下：

(1) 交通费：天津—杭州车票往返金额 988 元，出租车费 44 元；

(2) 住宿费：每天 250 元，出差 4 天，共计 1 000 元；

(3) 伙食补助费：每天 100 元，共计 400 元；

(4) 其他费用：电话费 200 元。

要求：根据业务描述及相关原始凭证（见图 5-7～图 5-13），填制记账凭证（见凭证 5-4）。

差旅费报销单

单位：天津盛丰机械制造有限公司　　　　　　　　　日期：20××年12月07日

部门				管理部		报销人		邢敏			
起讫日期				天数	起讫地点		车船费	出差补助	住宿费	交通费	话费
月	日	月	日		起	止					
12	02	12	06	5	天津	杭州	494.00	400.00	1000.00	44.00	200.00
					杭州	天津	494.00				
费用小计							988.00	400.00	1000.00	44.00	200.00
报销合计（大写）贰仟陆佰叁拾贰元整						报销合计（小写）￥2632.00					
总经理	李桂明					财务经理		陈磊			

审核：陈磊　　　　会计：陈丽娟　　　　领款人：邢敏

图 5-7　差旅费报销单

图 5-8 火车票（去程）

图 5-9 火车票（返程）

图 5-10 增值税普通发票

图 5-11　增值税普通发票

图 5-12　客运出租行业专用发票

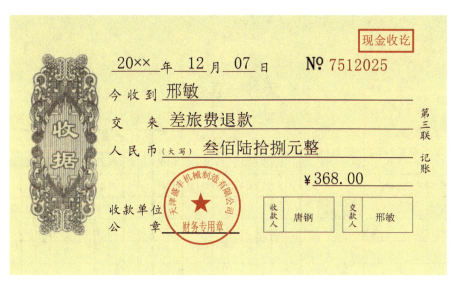

图 5-13 收据

凭证 5-4

记 账 凭 证

年　月　日　　　　　　　凭证号 (记)

摘　要	总账科目	明细科目	借方金额										贷方金额										记账
			千	百	十	万	千	百	十	元	角	分	千	百	十	万	千	百	十	元	角	分	
合　　计																							

会计主管　　　　　记账　　　　　复核　　　　　出纳

审核记账凭证

依据记账凭证的审核要求，练习对记账凭证（见凭证 5-5～凭证 5-12）的审核、签字。

凭证 5 - 5

记 账 凭 证

20××年 12 月 01 日   凭证号 (记) 001

摘 要	总账科目	明细科目	借 方 金 额 千 百 十 万 千 百 十 元 角 分	贷 方 金 额 千 百 十 万 千 百 十 元 角 分	记账
收回前欠货款	银行存款		1 0 0 0 0 0 0 0		
	应收账款	天津荣天商贸有限公司		1 0 0 0 0 0 0 0	
合 计			¥ 1 0 0 0 0 0 0 0	¥ 1 0 0 0 0 0 0 0	

附单据 2 张

会计主管 陈磊   记账 陈丽娟   复核 陈磊   出纳 唐钢

凭证 5 - 6

记 账 凭 证

20××年 12 月 02 日   凭证号 (记) 002

摘 要	总账科目	明细科目	借 方 金 额 千 百 十 万 千 百 十 元 角 分	贷 方 金 额 千 百 十 万 千 百 十 元 角 分	记账
缴纳税费	应交税费	应交增值税	3 0 0 0 0 0 0		
	应交税费	应交企业所得税	2 0 0 0 0 0 0		
	银行存款			5 0 0 0 0 0 0	
合 计			¥ 5 0 0 0 0 0 0	¥ 5 0 0 0 0 0 0	

附单据 1 张

会计主管 陈磊   记账 陈丽娟   复核 陈磊   出纳 唐钢

凭证 5－7

记 账 凭 证

20××年 12 月 02 日　　　　　　　　凭证号（记）003

摘　要	总账科目	明细科目	借 方 金 额										贷 方 金 额										记账
			千	百	十	万	千	百	十	元	角	分	千	百	十	万	千	百	十	元	角	分	
购买办公用品	管理费用	办公费					2	3	2	0	0	0											
	应交税费	应交增值税（进项税额）						3	0	1	6	0											
		库存现金															2	6	2	1	6	0	
合　　计			¥	2	6	2	1	6	0				¥	2	6	2	1	6	0				

会计主管　陈磊　　　　记账　陈丽娟　　　　复核　陈磊　　　　出纳　唐钢

附单据 1 张

凭证 5－8

记 账 凭 证

20××年 12 月 02 日　　　　　　　　凭证号（记）004

摘　要	总账科目	明细科目	借 方 金 额										贷 方 金 额										记账
			千	百	十	万	千	百	十	元	角	分	千	百	十	万	千	百	十	元	角	分	
支付借款	其他应收款	邢敏				3	0	0	0	0	0												
	银行存款															3	0	0	0	0	0	
合　　计			¥	3	0	0	0	0	0				¥	3	0	0	0	0	0				

会计主管　陈磊　　　　记账　陈丽娟　　　　复核　陈磊　　　　出纳　唐钢

附单据 2 张

凭证 5－9

记 账 凭 证

20××年 12 月 03 日   凭证号 (记) 005

摘 要	总账科目	明细科目	借 方 金 额										贷 方 金 额										记账
			千	百	十	万	千	百	十	元	角	分	千	百	十	万	千	百	十	元	角	分	
收包装物押金	库存现金						1	0	0	0	0	0											
	其他应付款	天津市枣强玻璃钢厂															1	0	0	0	0	0	
合 计					¥	1	0	0	0	0	0				¥	1	0	0	0	0	0		

会计主管 陈磊   记账 陈丽娟   复核 陈磊   出纳 唐钢

附单据 1 张

凭证 5－10

记 账 凭 证

20××年 12 月 04 日   凭证号 (记) 006

摘 要	总账科目	明细科目	借 方 金 额										贷 方 金 额										记账
			千	百	十	万	千	百	十	元	角	分	千	百	十	万	千	百	十	元	角	分	
购买原材料	原材料	牵引杆				5	0	0	0	0	0	0											
	在途物资															5	0	0	0	0	0	0	
合 计					¥	5	0	0	0	0	0	0			¥	5	0	0	0	0	0	0	

会计主管 陈磊   记账 陈丽娟   复核 陈磊   出纳 唐钢

附单据 1 张

凭证 5 - 11

记 账 凭 证

20××年 12 月 07 日　　　　　　　凭证号（记）007

摘　要	总账科目	明细科目	借 方 金 额										贷 方 金 额										记账
			千	百	十	万	千	百	十	元	角	分	千	百	十	万	千	百	十	元	角	分	
报销差旅费	管理费用	交通费					1	0	3	2	0	0											
	管理费用	住宿费					1	0	0	0	0	0											
	管理费用	通话费						2	0	0	0	0											
	管理费用	其他						4	0	0	0	0											
	库存现金							3	6	8	0	0											
	其他应收款	邢敏															3	0	0	0	0	0	
合　　　计						¥	3	0	0	0	0	0				¥	3	0	0	0	0	0	

附单据 6 张

会计主管　陈磊　　　　记账　陈丽娟　　　　复核　陈磊　　　　出纳　唐钢

凭证 5 - 12

记 账 凭 证

20××年 12 月 07 日　　　　　　　凭证号（记）008

摘　要	总账科目	明细科目	借 方 金 额										贷 方 金 额										记账
			千	百	十	万	千	百	十	元	角	分	千	百	十	万	千	百	十	元	角	分	
发出材料	生产成本	甲产品				2	9	0	0	0	0	0											
	原材料	牵引杆														2	5	0	0	0	0	0	
	原材料	钢材															4	0	0	0	0	0	
合　　　计						¥	2	9	0	0	0	0	0				¥	2	9	0	0	0	0	0	

附单据 1 张

会计主管　陈磊　　　　记账　陈丽娟　　　　复核　陈磊　　　　出纳　唐钢

项目六

登记账簿

 **实训目的**

1. 通过登账，熟悉日记账、总账和明细账的种类、格式及登账的要求。

2. 掌握编制科目汇总表的要求和方法。

3. 能熟练地通过记账凭证或科目汇总表登记账簿。

4. 掌握试算平衡表的编制要求和方法。

实训内容

1. 现金日记账和银行存款日记账填制训练。

2. 总账和明细账填制训练。

3. 科目汇总表编制训练。

4. 试算平衡表编制训练。

实训方法

线上与线下实操训练。

 **实训要求**

1. 掌握现金日记账和银行存款日记账的登记要求和方法。

2. 掌握总账和明细账的登记要求和方法。

3. 掌握科目汇总表的编制要求和方法。

4. 掌握试算平衡表的编制要求和方法。

登记现金日记账与银行存款日记账

登记账簿流程如图6-1所示。

图6-1　登记账簿流程

一、现金日记账

现金日记账,是指逐日逐笔反映企业的现金收入、支出及结存的会计账簿。设置现金日记账,可以加强对企业现金收支活动的反映和控制,监督企业执行现金管理制度,促使企业现金的合理使用,保护现金资产的安全;同时,根据现金日记账中收支合计数及期末结存数登记现金总账,可以简化该账户的登记工作。

现金日记账一般由出纳人员登记,登记现金日记账的依据主要是审核无误的现金收、付款记账凭证。由于从银行提取现金业务只填制银行存款付款凭证,所以,反映此类业务的银行存款付款凭证也是登记现金日记账的依据。登记账簿时,一般按记账凭证号码顺序逐日逐笔进行,有关会计人员可以根据现金日记账登记总账的有关账户。

现金日记账每天应至少登记一次并结出余额,与库存现金数目核对,以保证账实相符。

现金日记账的格式要与企业采用的账务处理程序相适应,并能满足企业对现金的管理要求。现金日记账的格式一般有三栏式和多栏式两种。

二、银行存款日记账

银行存款日记账，是指逐日逐笔记录企业银行存款收支及结余情况的会计账簿。银行存款日记账应按企业在银行开立的账户和币种分别设置，每个银行账户设置一本日记账。设置银行存款日记账，有利于了解企业大部分业务资金的收入、支出和结存情况，既便于企业与开户银行之间核对账目，也便于检查企业执行银行结算制度的情况。

银行存款日记账一般由出纳人员登记，登账的主要依据是审核无误的银行存款收、付款凭证，其登记方法与现金日记账的登记方法类似。除此之外，因为对于把现金存入银行的业务只填制现金付款凭证，所以反映此类业务的现金付款凭证也是登记银行存款日记账的依据。出纳人员必须逐日逐笔登记银行存款日记账，登记时按记账凭证号码按顺序登记。因银行存款结算凭证种类较多，为了便于与银行查对账项，加强对支票等结算凭证的管理，在银行存款日记账中专设一个"结算凭证"栏。登记银行存款日记账时，要注意把银行结算凭证的种类、号码填写清楚，以便于与银行对账单核对。出纳人员应每天结出银行存款日记账余额，以便企业有关管理人员及时掌握本单位的支付能力和银行存款的增减变动情况。会计人员可以根据银行存款日记账登记总账的有关账户。

银行存款日记账的格式有三栏式和多栏式，其中多栏式又分为两种。注意，银行存款支出日记账不设"收入合计"栏和"结余"栏。

三、特种日记账

(一) 三栏式现金日记账

三栏式现金日记账的基本格式包括收入、支出和结余三个栏目，分别用来登记库存现金每天的收入、支出和结存情况。出纳人员根据审核无误的现金收款凭证、现金付款凭证和银行存款付款凭证（从银行提取现金的业务），按经济业务发生的先后顺序，逐日逐笔登记三栏式现金日记账。

(二) 三栏式银行存款日记账

三栏式银行存款日记账的格式与三栏式现金日记账的格式基本相同，由出纳人员根据审核无误的银行存款收款凭证、银行存款付款凭证和现金付款凭证（将现金存入银行的业务），按经济业务发生时间的先后顺序，逐日逐笔进行登记。

(三) 多栏式现金、银行存款日记账

多栏式日记账是在三栏式日记账的基础上发展来的，其收入栏按与库存现金和银行存款收入相对应的贷方科目设专栏，支出栏按与库存现金和银行存款付出相对应的借方科目设专栏。

为了坚持内部牵制原则，出纳人员只负责登记现金、银行存款日记账，不得兼任稽核、会计档案保管和收入、支出、费用、债权债务账目的登记工作。

任务二

训练登记现金日记账

一、业务资料

20××年1月31日，华强公司"库存现金"账户余额为5 000元，2月发生如下现金收支业务：

【业务6-1】2日，开出现金支票，提取现金4 000元，以备零用。

【业务6-2】2日，采购员王某报销购买办公用品款50元，用现金支付。

【业务6-3】10日，开出现金支票11 600元，取回现款，以备支付工资。

【业务6-4】10日，以现金支付工资11 000元。

【业务6-5】11日，向银行送存现金600元。

【业务6-6】15日，采购员张某到财务科预借差旅费1 000元。

【业务6-7】19日，业务部报销业务招待费2 685元。

【业务6-8】21日，采购员张某出差回来报销差旅费780元，交回余款220元。

【业务6-9】26日，购买印花税票500元，以现金支付。

【业务6-10】28日，支付行政科报销市内交通费420元。

要求：

(1) 根据以上经济业务编制会计分录。

(2) 登记该公司2月的现金日记账并结账。

二、业务解析

(1) 20××年1月31日，华强公司"库存现金"账户余额为5 000元，根据2月发生的现金收支业务，编制会计分录如下：

【业务6-1】2日，开出现金支票，提取现金4 000元，以备零用。（凭证号：银付1）

借：库存现金　　　　　　　　　　　　　　　　　　　　　　　　4 000

　　贷：银行存款　　　　　　　　　　　　　　　　　　　　　　　　4 000

【业务6-2】2日，采购员王某报销购买办公用品款50元，用现金支付。（凭证号：现付1）

借：管理费用——办公费　　　　　　　　　　　　　　　　　　　　50

　　贷：库存现金　　　　　　　　　　　　　　　　　　　　　　　　　50

【业务6-3】10日，开出现金支票11 600元，取回现款，以备支付工资。（凭证号：银付2）

借：库存现金 11 600
　　贷：银行存款 11 600

【业务6-4】10日，以现金支付工资11 000元。（凭证号：现付2）

借：应付职工薪酬——工资 11 000
　　贷：库存现金 11 000

【业务6-5】11日，向银行送存现金600元。（凭证号：现付3）

借：银行存款 600
　　贷：库存现金 600

【业务6-6】15日，采购员张某到财务科预借差旅费1 000元。（凭证号：现付4）

借：其他应收款——张某 1 000
　　贷：库存现金 1 000

【业务6-7】19日，业务部报销业务招待费2 685元。（凭证号：现付5）

借：管理费用——招待费 2 685
　　贷：库存现金 2 685

【业务6-8】21日，采购员张某出差回来报销差旅费780元，交回余款220元。（凭证号：现收1）

借：管理费用——差旅费 780
　　贷：其他应收款——张某 780
借：库存现金 220
　　贷：其他应收款——张某 220

【业务6-9】26日，购买印花税票500元，以现金支付。（凭证号：现付6）

借：税金及附加 500
　　贷：库存现金 500

【业务6-10】28日，支付行政科报销市内交通费420元。（凭证号：现付7）

借：管理费用——交通费 420
　　贷：库存现金 420

（2）登记2月的现金日记账，见表6-1。

表6-1 现金日记账

20××年		凭证		摘要	对方科目	收入	支出	余额
月	日	号	数					
2	1			期初余额				5 000
	2	银付	1	提现	银行存款	4 000		9 000
	2	现付	1	购办公用品	管理费用		50	8 950
				本日合计				8 950
	10	银付	2	提现	银行存款	11 600		20 550
	10	现付	2	支付工资	应付职工薪酬		11 000	9 550
				本日合计				9 550
	11	现付	3	存入银行	银行存款		600	8 950
				本日合计				8 950

续表

20××年		凭证		摘要	对方科目	收入	支出	余额
月	日	号	数					
	15	现付	4	预借款	其他应收款		1 000	7 950
				本日合计				7 950
	19	现付	5	报业务招待费	管理费用		2 685	5 265
				本日合计				5 265
	21	现收	1	余款退回	其他应收款	220		5 485
				本日合计				5 485
	26	现付	6	购印花税票	税金及附加		500	4 985
				本日合计				4 985
	28	现付	7	报销交通费	管理费用		420	4 565
				本日合计				4 565
	28			本月合计		15 820	16 255	4 565

任务三

训练登记银行存款日记账

一、业务资料

20××年2月26日，鑫鑫有限公司银行存款日记账余额为80 000元，2月27日—3月15日发生下列收支业务：

【业务6-11】2月27日，收到甲公司归还前欠货款30 000元，款项存入银行。（凭证号：银收8）

【业务6-12】2月28日，以银行存款归还本月到期的短期借款10 000元。（凭证号：银付9）

【业务6-13】3月1日，出售甲产品一批，价款为50 000元，增值税为6 500元，全部款项均已收存银行。（凭证号：银收1）

【业务6-14】3月2日，以银行存款支付前欠宏达公司货款6 000元。（凭证号：银付1）

【业务6-15】3月4日，开出转账支票一张，支付上月所欠光明公司购料款15 600元。（凭证号：银付2）

【业务6-16】3月6日，预收大华公司货款5 668元，款项已存入银行。（凭证号：银收2）

【业务6-17】3月8日，开出库存现金支票一张，提取现金1 200元。（凭证号：银付3）

【业务6-18】3月10日，以库存现金350元支付购买办公用品款。（凭证号：现付1）

【业务6-19】3月12日，收到红光公司投入货币资金100 000元，款项存入银行。（凭证号：银收3）

【业务6-20】3月15日，开出转账支票一张，缴纳上月应交未交的增值税950元。（凭证号：银付4）

要求：

（1）根据上述经济业务编制相应会计分录。

（2）登记银行存款日记账，并进行2月的月结和相应转页登记。

二、业务解析

（1）根据上述资料，编制会计分录如下：

【业务6-11】2月27日，收到甲公司归还前欠货款30 000元，款项存入银行。（凭证号：银收8）

借：银行存款   30 000

贷：应收账款——甲公司   30 000

【业务6-12】2月28日，以银行存款归还本月到期的短期借款10 000元。（凭证号：银付9）

借：短期借款   10 000

贷：银行存款   10 000

【业务6-13】3月1日，出售甲产品一批，价款为50 000元，增值税为6 500元，全部款项均已收存银行。（凭证号：银收1）

借：银行存款   56 500

贷：主营业务收入——甲产品   50 000

应交税费——应交增值税（销项税额）   6 500

【业务6-14】3月2日，以银行存款支付前欠宏达公司货款6 000元。（凭证号：银付1）

借：应付账款——宏达公司   6 000

贷：银行存款   6 000

【业务6-15】3月4日，开出转账支票一张，支付上月所欠光明公司购料款15 600元。（凭证号：银付2）

借：应付账款——光明公司   15 600

贷：银行存款   15 600

【业务6-16】3月6日，预收大华公司货款5 668元，款项已存入银行。（凭证号：银收2）

借：银行存款   5 668

贷：预收账款——大华公司   5 668

【业务6-17】3月8日，开出库存现金支票一张，提取库存现金1 200元。（凭证号：银付3）

借：库存现金　　　　　　　　　　　　　　　　　　　　　　　　1 200
　　贷：银行存款　　　　　　　　　　　　　　　　　　　　　　　　1 200

【业务6-18】3月10日，以库存现金350元支付购买办公用品款。（凭证号：现付1）

借：管理费用——办公费　　　　　　　　　　　　　　　　　　　350
　　贷：库存现金　　　　　　　　　　　　　　　　　　　　　　　　350

【业务6-19】3月12日，收到红光公司投入货币资金100 000元，款项存入银行。（凭证号：银收3）

借：银行存款　　　　　　　　　　　　　　　　　　　　　　　100 000
　　贷：实收资本——红光公司　　　　　　　　　　　　　　　　100 000

【业务6-20】3月15日，开出转账支票一张，缴纳上月应交未交的增值税950元。（凭证号：银付4）

借：应交税费——未交增值税　　　　　　　　　　　　　　　　　950
　　贷：银行存款　　　　　　　　　　　　　　　　　　　　　　　　950

（2）登记银行存款日记账，并进行2月的月结和相应转页登记，见表6-2、表6-3。

表6-2　银行存款日记账

20××年		凭证		摘要	对方科目	收入	支出	余额
月	日	号	数					
2	26			承前页		60 000	20 000	80 000
	27	银收8		收到欠款	应收账款	30 000		110 000
	28	银付9		归还银行借款	短期借款		10 000	100 000
	28			本月合计		90 000	30 000	100 000
3	1	银收1		销售产品	主营业务收入、应交税费	56 500		156 500
	2	银付1			应付账款		6 000	150 500
	4	银付2			应付账款		15 600	134 900
				过次页		56 500	21 600	134 900

表6-3　银行存款日记账

20××年		凭证		摘要	对方科目	收入	支出	余额
月	日	号	数					
				承前页		56 500	21 600	134 900
3	6	银收2		预收货款	预收账款	5 668		140 568
	8	银付3		提现	库存现金		1 200	139 368
	12	银收3		接受投资	实收资本	100 000		239 368
	15	银付4		交税	应交税费		950	238 418
	…	……		……	……	…	…	…

任务四

练习登记现金日记账和银行存款日记账

一、业务资料

（1）20××年1月28日，新天地公司现金日记账累计发生额为借方86 200元，贷方80 000元，银行存款日记账的累计发生额为收入685 000元，支出600 000元。

（2）20××年1月29日—1月31日，新天地公司发生下列经济业务：

【业务6-21】29日，财会部门取得借款借据（代收账通知）。业务内容：从银行借款50 000元，存入银行存款户，期限3个月，年利率4%。

【业务6-22】29日，财会部门取得转账支票存根（♯0001）和增值税专用发票（发票联）。业务内容：购进A材料6 000元，增值税税率13%。

【业务6-23】29日，财会部门取得现金支票存根（♯1001）。业务内容：从银行提取现金2 000元。

【业务6-24】29日，财会部门取得普通发票（发票联）。业务内容：以现金150元购买一批办公用品，直接交付使用。

【业务6-25】30日，财会部门取得进账单（存♯6001转账支票的收款通知）和增值税专用发票（发票联）。业务内容：销售一批产品，取得收入80 000元，增值税税率13%。

【业务6-26】30日，财会部门取得普通发票（记账联）。业务内容：销售材料一批，取得现金收入1 300元，增值税税率13%。

【业务6-27】30日，财会部门取得现金交款单（回单联）。业务内容：将现金1 300元存入银行。

【业务6-28】30日，财会部门取得借款借据。业务内容：李明出差向财务部门借取现金800元。

【业务6-29】30日，财会部门取得现金。业务内容：王志新报销差旅费1 400元，交回多余现金100元。

【业务6-30】31日，财会部门取得转账支票存根（♯0002）。业务内容：以银行存款60 000元归还到期的银行短期借款。

【业务6-31】31日，财会部门取得现金支票存根（♯1002）。业务内容：从银行提取现金8 000元。

【业务6-32】31日，财会部门取得工资结算单。业务内容：以现金发放工资10 000元。

【业务6-33】31日，财会部门取得付款单。业务内容：归还上月欠购货款2 000元。

【业务6-34】31日，财会部门取得收款单（收账通知）。业务内容：收到上月东风工

厂欠销货款 30 000 元。（该公司采用实际成本法核算材料成本）

二、要求

（1）根据上述经济业务编制会计分录。

（2）登记现金日记账（见表 6-4）和银行存款日记账（见表 6-5）并结出每日发生额、余额及本月发生额和余额。

表 6-4　现金日记账

年		记账凭证		对方科目	摘要	借方	贷方	余额
月	日	字	号					

表 6-5　银行存款日记账

年		记账凭证		对方科目	摘要	借方	贷方	余额
月	日	字	号					

任务五

登记明细分类账和总分类账

一、明细分类账的格式与登记方法

明细分类账简称明细账，是按二级科目（明细科目）开设的，分类、连续地记录和反映有关经济业务详细情况的账簿。为了详细反映经济业务活动，各单位应在设置总分类账的基础上设置明细分类账。明细账提供详细、具体的核算资料，是对总账的必要补充，也是编制会计报表的依据之一。各单位在设置总账的同时，还应设置必要的明细账。明细账一般采用活页式账簿、卡片式账簿。

明细分类账一般根据记账凭证和相应的原始凭证登记。根据各种明细账所记录经济业务的特点，明细分类账的常用格式主要包括下述几种。

（一）三栏式明细分类账

三栏式明细分类账的账页只设借方、贷方和余额三个金额栏，不设数量栏。它适用于只需要进行金额核算而不需要进行数量核算的账户。如"应收账款""应付账款""短期借款"等账户的明细分类核算。

（二）数量金额式明细分类账

数量金额式明细分类账的账页，在借方（收入栏）、贷方（发出栏）和余额（结存栏）三大栏内，再分设数量、单价、金额三小栏。

数量金额式明细分类账适用于既要进行金额明细核算，又要进行数量明细核算的财产物资项目。如"原材料""库存商品"等账户的明细核算。它能提供各种财产物资收入、发出、结存等的数量和金额等资料，便于开展业务和加强管理。

（三）多栏式明细分类账

1. 借方多栏式明细分类账
借方多栏式明细分类账是在账页的借方设置若干专栏，贷方不分设专栏的明细账。

2. 贷方多栏式明细分类账
贷方多栏式明细分类账是在账页的贷方设置若干专栏，借方不分设专栏的明细账。

3. 借方贷方多栏式明细分类账
借方贷方多栏式明细分类账是在账页的借方和贷方均分设若干专栏的明细账。

多栏式明细分类账多用于费用、成本、收入、成果类账户的明细核算，如"生产成本""管理费用""制造费用"等明细账户。

（四）横行登记式明细分类账

横行登记式明细分类账是将前后密切相关的经济业务在同一横行内进行详细登记，以检查每笔经济业务的发生和完成情况，便于逐项控制的账簿。

二、总分类账的格式与登记方法

（一）总分类账的设置

总分类账是按照总分类账户分类登记以提供总括会计信息的账簿。企业设置总分类账，应采用订本式，其账页格式采用三栏式。

（二）总分类账的启用

在启用账簿时，应在账簿的扉页填列"账簿启用登记表"，详细载明单位名称、账簿名称、账簿编号、账簿页数、启用日期，加盖单位公章，并由会计主管人员和出纳人员签章。更换记账人员时，应办理交接手续，在交接记录内填写交接日期和交接人、监交人姓名，加盖名章。

在启用账簿时，还应填写"账户目录表"。总账账户按照科目编号和科目名称填列，写明各自的起讫页数。

（三）总分类账的登记

总分类账由会计人员登记，其登记的依据取决于所采用的会计核算形式。采用记账凭证会计核算形式的，直接根据记账凭证登记；采用汇总记账凭证会计核算形式的，根据汇总记账凭证登记；采用科目汇总表会计核算形式的，根据科目汇总表登记。

三、总分类账与明细分类账的平行登记

平行登记是指对所发生的每项经济业务都要以会计凭证为依据，一方面记入有关总分类账户，另一方面记入所辖明细分类账户的方法。总分类账户与明细分类账户平行登记的要点如下：

（1）方向相同。在总分类账户及所辖的明细分类账户中登记同一项经济业务时，方向通常相同。即在总分类账户中记入借方，在其所辖的明细分类账户中也应记入借方；在总分类账户中记入贷方，在其所辖的明细分类账户中也应记入贷方。

（2）期间一致。发生的经济业务，记入总分类账户和所辖的明细分类账户的具体时间可以有先后，但应在同一个会计期间记入总分类账户和所辖的明细分类账户。

（3）金额相等。记入总分类账户的金额必须与记入其所辖的一个或几个明细分类账户的金额合计数相等。

四、总分类账与明细分类账的平行登记训练

（一）资料

（1）20××年1月1日，思谷工厂"原材料"总账账户期初余额为390 000元。其中：甲材料4 000千克，每千克60元，计240 000元；乙材料5 000千克，每千克30元，计150 000元。

（2）20××年1月，思谷工厂发生的部分经济业务如下：

【业务6-35】5日，财会部门收到入库单。业务内容：收到甲材料6 000千克，每千克60元；收到乙材料5 000千克，每千克30元。

【业务6-36】8日，财会部门收到领料单。业务内容：生产A产品领用甲材料9 000千克，乙材料7 000千克。

【业务6-37】20日，财会部门收到入库单。业务内容：甲材料入库1 000千克，每千克60元；乙材料入库2 000千克，每千克30元。

【业务6-38】25日，财会部门收到领料单。业务内容：生产A产品领用甲材料1 200千克，乙材料4 000千克。

（二）要求

（1）根据上述资料开设"原材料"总分类账户和"原材料——甲材料""原材料——乙材料"明细分类账户。

（2）根据上述资料编制记账凭证并登记总账与明细账。

（3）将总账与明细账进行核对。

（三）业务训练说明

首先，开设"原材料"总分类账户和"原材料——甲材料""原材料——乙材料"明细分类账户（数量金额式）；然后，根据记账凭证登记总账和明细账并进行核对，见表6-6、表6-7、表6-8。

表6-6　原材料总账

会计科目：原材料

20××年		凭证号数	摘要	借方	贷方	核对号	借或贷	余额
月	日							
1	1		期初余额	390 000			借	390 000
	5		材料入库	510 000			借	900 000
	8		领料生产		750 000		借	150 000
	20		材料入库	120 000			借	270 000
	25		领料生产		192 000		借	78 000
	30		本月合计	1 020 000	942 000		借	78 000

表6-7　原材料明细账

会计科目：原材料——甲材料　　　　　规格：_____　　　　　　　　　　计量单位：千克

20××年		凭证	摘要	借方			贷方			核对	余额		
月	日			数量	单价	金额	数量	单价	金额		数量	单价	金额
1	1		期初余额								4 000	60	240 000
	5		原材料入库	6 000	60	360 000					10 000	60	600 000
	8		生产领用				9 000	60	540 000		1 000	60	60 000
	20		原材料入库	1 000	60	60 000					2 000	60	120 000
	25		生产领用				1 200	60	72 000		800	60	48 000
	31		本月合计	7 000	60	420 000	10 200	60	612 000		800	60	48 000

表 6 − 8　原材料明细账

会计科目：原材料——乙材料　　　　　规格：＿＿＿＿　　　　　　　计量单位：千克

20××年		凭证	摘要	借方			贷方			核对	余额		
月	日			数量	单价	金额	数量	单价	金额		数量	单价	金额
1	1		期初余额								5 000	30	150 000
	5		原材料入库	5 000	30	150 000					10 000	30	300 000
	8		生产领用				7 000	30	210 000		3 000	30	90 000
	20		原材料入库	2 000	30	60 000					5 000	30	150 000
	25		生产领用				4 000	30	120 000		1 000	30	30 000
	31		本月合计	7 000	30	210 000	11 000	30	330 000		1 000	30	30 000

五、总分类账与明细分类账平行登记练习

(一) 资料

鑫鑫有限公司为增值税一般纳税人，增值税税率为 13％，20××年 6 月 30 日的有关总分类账户和明细分类账户余额如下：

(1)"原材料"账户借方余额 400 000 元，其中：

"原材料——甲材料"账户数量 1 600 千克，单价 150 元，借方余额 240 000 元；

"原材料——乙材料"账户数量 400 千克，单价 100 元，借方余额 40 000 元；

"原材料——丙材料"账户数量 1 000 千克，单价 120 元，借方余额 120 000 元。

(2)"应付账款"账户贷方余额 100 000 元，其中：

"应付账款——A 公司"账户贷方余额 60 000 元；

"应付账款——B 公司"账户贷方余额 40 000 元。

(3)"应收账款"账户借方余额 135 000 元，其中：

"应收账款——甲公司"账户借方余额 70 000 元；

"应收账款——乙公司"账户借方余额 65 000 元。

该公司 20××年 7 月发生的部分经济业务如下：

【业务 6 − 39】以银行存款偿还前欠 A 公司货款 30 000 元。

【业务 6 − 40】从 B 公司购进甲材料 200 千克，单价 150 元，税价合计 33 900 元，款项未付，材料已入库。

【业务 6 − 41】向乙公司销售产品一批，价税合计 11 600 元，货款未收。

【业务 6 − 42】生产车间从仓库领用材料一批，共计 140 000 元。其中：甲材料 400 千克，单价 150 元；乙材料 200 千克，单价 100 元；丙材料 500 千克，单价 120 元。

【业务 6 − 43】以银行存款偿还前欠 B 公司货款 20 000 元。

【业务 6 − 44】收到甲公司前欠货款 70 000 元。

【业务 6 − 45】从 A 公司购入乙材料 200 千克，单价 100 元，材料已入库，货款 22 600 元（含增值税），尚未支付。（该公司采用实际成本法核算材料成本）

（二）要求

（1）根据上述业务编制相应的会计分录。

（2）练习登记"原材料"总账和明细账，见表6-9、表6-10、表6-11、表6-12。

（3）练习登记"应付账款"总账和明细账，见表6-13、表6-14、表6-15。

（4）练习登记"应收账款"总账和明细账，见表6-16、表6-17、表6-18。

表6-9　原材料总账

会计科目：原材料

年		凭证号数	摘要	借方	贷方	借或贷	余额
月	日						

表6-10　原材料明细账

明细科目：原材料——甲材料

年		凭证	摘要	借方			贷方			核对	余额		
月	日			数量	单价	金额	数量	单价	金额		数量	单价	金额

表 6 – 11　原材料明细账

明细科目：原材料——乙材料

年		凭证	摘要	借方			贷方			核对	余额		
月	日			数量	单价	金额	数量	单价	金额		数量	单价	金额

表 6 – 12　原材料明细账

明细科目：原材料——丙材料

年		凭证	摘要	借方			贷方			核对	余额		
月	日			数量	单价	金额	数量	单价	金额		数量	单价	金额

表 6 – 13　应付账款总账

会计科目：应付账款

年		凭证号数	摘要	借方	贷方	借或贷	余额
月	日						

表6-14 应付账款明细账

明细科目：应付账款——A公司

年		凭证		摘要	借方	贷方	借或贷	余额	核对号
月	日	种类	号数						

表6-15 应付账款明细账

明细科目：应付账款——B公司

年		凭证		摘要	借方	贷方	借或贷	余额	核对号
月	日	种类	号数						

表6-16 应收账款总账

会计科目：应收账款

年		凭证号数		摘要	借方	贷方	借或贷	余额
月	日							

表 6 – 17　应收账款明细账

明细科目：应收账款——甲公司

年		凭证		摘要	借方	贷方	借或贷	余额	核对号
月	日	种类	号数						

表 6 – 18　应收账款明细账

明细科目：应收账款——乙公司

年		凭证		摘要	借方	贷方	借或贷	余额	核对号
月	日	种类	号数						

任务六

编制试算平衡表和科目汇总表

一、试算平衡

试算平衡，是指根据借贷记账法的记账规则和资产与权益（负债和所有者权益）的恒等关系，通过对所有账户的发生额和余额的汇总计算和比较，来检查账户记录是否正确的一种方法。

（一）试算平衡的分类

1. 发生额试算平衡

发生额试算平衡，是指全部账户本期借方发生额合计与全部账户本期贷方发生额合计保持平衡，即：

全部账户本期借方发生额合计＝全部账户本期贷方发生额合计

发生额试算平衡的直接依据是借贷记账法的记账规则，即"有借必有贷，借贷必相等"。

2. 余额试算平衡

余额试算平衡，是指全部账户借方期末（初）余额合计与全部账户贷方期末（初）余额合计保持平衡，即：

全部账户借方期末（初）余额合计＝全部账户贷方期末（初）余额合计

余额试算平衡的直接依据是财务状况等式，即：资产＝负债＋所有者权益。

（二）试算平衡表的编制

试算平衡是通过编制试算平衡表进行的。试算平衡表通常是在期末结出各账户的本期发生额合计和期末余额后编制的，试算平衡表中一般应设置"期初余额""本期发生额""期末余额"三大栏目，其下分设"借方"和"贷方"两个小栏。各大栏中的借方合计与贷方合计应该相等；否则，便存在记账错误。为了简化表格，试算平衡表也可只根据各个账户的本期发生额编制，不填列各账户的期初余额和期末余额。

试算平衡只是通过借贷金额是否平衡来检查账户记录是否正确的一种方法。如果借贷双方发生额或余额相等，表明账户记录基本正确，但有些错误并不影响借贷双方的平衡，因此，如果试算不平衡，表示记账一定有错误，但如果试算平衡，不能表明记账一定正确。

不影响借贷双方平衡关系的错误通常有：

（1）漏记某项经济业务，使本期借贷双方的发生额等额减少，借贷仍然平衡；

（2）重记某项经济业务，使本期借贷双方的发生额等额虚增，借贷仍然平衡；

（3）某项经济业务记录的应借、应贷科目正确，但借贷双方金额同时多记或少记，且金额一致，借贷仍然平衡；

（4）某项经济业务记错有关账户，借贷仍然平衡；

（5）某项经济业务的账户记录中颠倒了记账方向，借贷仍然平衡；

（6）某借方或贷方发生额中，偶然多记和少记并相互抵销，借贷仍然平衡。

由于账户记录可能存在上述不能由试算平衡表发现的错误，所以需要对一切会计记录进行日常或定期的复核，以保证账户记录的正确性。

二、科目汇总表

本书采用的是科目汇总表账务处理程序。科目汇总表，是企业定期对全部记账凭证进行汇总后，按照不同的会计科目分别列示各账户借方发生额和贷方发生额的一种汇总凭证。科目汇总表的编制方法是：根据一定时期内的全部记账凭证，按照会计科目进行归类，定期汇总出每一个账户的借方本期发生额和贷方本期发生额，填写在科目汇总表的相关栏内。科目汇总表可每旬编制一张，按月汇总，也可每月汇总一次编制一张。任何格式的科目汇总表，都只反映各个账户的借方本期发生额和贷方本期发生额，不反映各个账户之间的对应关系。

科目汇总表账务处理程序的一般步骤是：

（1）根据原始凭证填制汇总原始凭证；

（2）根据原始凭证或汇总原始凭证填制记账凭证；

（3）根据收款凭证、付款凭证逐笔登记现金日记账和银行存款日记账；

（4）根据原始凭证、汇总原始凭证和记账凭证登记各种明细分类账；

（5）根据各种记账凭证编制科目汇总表；

（6）根据科目汇总表登记总分类账；

（7）期末，将现金日记账、银行存款日记账和明细分类账的余额同有关总分类账的余额核对相符；

（8）期末，根据总分类账和明细分类账的记录，编制财务报表。

三、业务资料

业务资料参照项目四中业务4-1～业务4-9，编制科目汇总表和试算平衡表。期初余额见表6-19。

表6-19 期初余额表　　　　　　　　　　　　单位：元

账户名称	期初借方余额	账户名称	期初贷方余额
库存现金	4 800.00	短期借款	124 000.00
银行存款	268 000.00	应付账款	103 000.00
原材料	150 000.00	应付票据	100 000.00
应收账款	10 000.00	应交税费	23 000.00
固定资产	100 000.00	实收资本	182 800.00
合计	532 800.00	合计	532 800.00

发生的经济业务如下：

【业务6-46】12月1日，收到北京浩天科技有限公司存入的投资款530万元。

【业务6-47】12月6日，办理银行承兑汇票一张，由采购员张良到天津金江商贸有限公司购买材料，金额为500 000元。

【业务6-48】12月8日，开出转账支票2 320元支付天津天使文化用品商贸有限公司办公用品费用。

【业务6-49】12月9日，销售5台切割机给天津荣天商贸有限公司，售价为10 000元/台，增值税税率为13%，票已收，款项尚未收到。

【业务6-50】12月2日，开出现金支票，办理销售部主管李刚预借差旅费3 000元。

【业务6-51】12月3日，从天津一汽汽车服务有限公司临时租用仓库，支付租金

2 200 元，以转账支票支付，收款人为王玲。

【业务 6-52】12 月 4 日，从天津长瑞华通科技发展有限公司购入一台不需要安装的产品检测设备，使用年限为 10 年，用平均年限法计提折旧。增值税专用发票上注明的买价为 63 000 元，增值税额为 8 190 元，款项均通过银行汇兑方式支付。

【业务 6-53】12 月 7 日，李刚报销差旅费 2 532 元，交回现金 468 元（不考虑增值税和其他因素影响）。具体情况如下：

(1) 交通费：天津—杭州往返车票金额 988 元，出租车费 44 元；

(2) 住宿费：每天 250 元，出差 4 天共计 1 000 元；

(3) 伙食补助费：每天 100 元，共计 400 元；

(4) 其他费用：电话费 100 元。

【业务 6-54】12 月 9 日，由公司财务人员到开户银行购买转账支票和现金支票各一本，售价为 30 元/本，其中工本费为 25 元/本，手续费为 5 元/本（不考虑增值税和其他因素影响）。

根据以上业务，编制会计分录如下：

(1) 借：银行存款   5 300 000
      贷：实收资本   5 300 000

(2) 借：原材料——牵引杆   442 477.88
      应交税费——应交增值税（进项税额）   57 522.12
      贷：银行存款   500 000

(3) 借：管理费用——办公费   2 320
      贷：银行存款   2 320

(4) 借：应收账款——天津荣天商贸有限公司   56 500
      贷：主营业务收入——切割机   50 000
      应交税费——应交增值税（销项税额）   6 500

(5) 借：其他应收款——李刚   3 000
      贷：银行存款   3 000

(6) 借：管理费用——租金   2 200
      贷：银行存款   2 200

(7) 借：固定资产——检测设备   63 000
      应交税费——应交增值税（进项税额）   8 190
      贷：银行存款   71 190

(8) 借：销售费用——差旅费   2 532
      库存现金   468
      贷：其他应收款——李刚   3 000

(9) 借：管理费用——办公费   50
      财务费用——手续费   10
      贷：银行存款   60

编制科目汇总表，见表 6-20。

表6－20　科目汇总表

编制单位：天津盛丰机械制造有限公司　　　　　20××年12月　　　　　　　　　单位：元

会计科目	借方	贷方
库存现金	468.00	
银行存款	5 300 000.00	578 770.00
原材料	442 477.88	
应收账款	56 500.00	
其他应收款	3 000.00	3 000.00
固定资产	63 000.00	
应交税费	65 712.12	6 500.00
实收资本		5 300 000.00
管理费用	4 570.00	
销售费用	2 532.00	
财务费用	10.00	
主营业务收入		50 000.00
合计	5 938 270.00	5 938 270.00

编制试算平衡表，见表6－21。

表6－21　试算平衡表

编制单位：天津盛丰机械制造有限公司　　　　　20××年12月　　　　　　　　　单位：元

会计科目	期初余额		本期发生额		期末余额	
	借方	贷方	借方	贷方	借方	贷方
库存现金	4 800		468		5 268	
银行存款	268 000		5 300 000	578 770	4 989 230	
原材料	150 000		442 477.88		592 477.88	
应收账款	10 000		56 500		66 500	
其他应收款			3 000	3 000		
固定资产	100 000		63 000		163 000	
短期借款		124 000				124 000
应付账款		103 000				103 000
应付票据		100 000				100 000
应交税费		23 000	36 212.12		36 212.12	
实收资本		182 800		5 300 000		5 482 800
管理费用			4 570.00		4 570.00	
销售费用			2 532.00		2 532.00	
财务费用			10.00		10.00	
主营业务收入				50 000		50 000
合计	532 800	532 800	5 938 270	5 938 270	5 859 800	5 859 800

四、业务训练

鑫鑫股份有限公司 20××年1月的资产、负债和所有者权益类账户期初余额如表6-22所示。

表6-22　期初余额表　　　　　　　　　　　　　　　　　　单位：元

账户名称	期初借方余额	账户名称	期初贷方余额
库存现金	1 000	短期借款	20 000
银行存款	150 000	应付账款	10 000
应收账款	20 000	应交税费	35 000
原材料	20 000	实收资本	100 000
固定资产	125 000	本年利润	166 000
生产成本	15 000		
合计	331 000	合计	331 000

该公司 20××年1月发生了以下经济业务：

（1）从银行取得短期借款 10 000 元，存入银行；

（2）采购员王强出差预借差旅费 800 元，财务部以现金支付；

（3）从银行提取现金 2 000 元备用；

（4）管理部门购买办公用品 500 元，以现金支付；

（5）收回应收账款 20 000 元，存入银行；

（6）购入材料一批，价款 40 000 元，增值税 5 200 元，材料已验收入库，款项尚未支付；

（7）生产车间制造产品领用材料 10 000 元；

（8）以银行存款偿还应付账款 40 000 元；

（9）开出转账支票，上缴税金 28 000 元；

（10）收到投资者投入货币资金 10 000 元，存入银行；

（11）购入生产设备一台，价值 65 000 元，款项已用银行存款支付；

（12）采购员王强报销差旅费 850 元，以现金支付其垫付款。

要求：（1）根据上述经济业务编制会计分录；

（2）编制该公司 20××年1月的科目汇总表和试算平衡表，见表6-23和表6-24。

表6-23　科目汇总表

编制单位：鑫鑫股份有限公司　　　　　　　20××年1月　　　　　　　　　　单位：元

会计科目	借方	贷方
库存现金		
银行存款		
应收账款		

续表

会计科目	借方	贷方
其他应收款		
原材料		
固定资产		
生产成本		
短期借款		
应付账款		
应交税费		
实收资本		
本年利润		
管理费用		
合计		

表 6 - 24　试算平衡表

编制单位：鑫鑫股份有限公司　　　　　　　　20××年 1 月　　　　　　　　单位：元

会计科目	期初余额		本期发生额		期末余额	
	借方	贷方	借方	贷方	借方	贷方
库存现金						
银行存款						
应收账款						
其他应收款						
原材料						
固定资产						
生产成本						
短期借款						
应付账款						
应交税费						
实收资本						
本年利润						
管理费用						
合计						

任务七

更正错账

在记账过程中，由于种种原因，账簿记录可能发生错误。对于发生的账簿记录错误，应当采用正确、规范的方法予以更正，不得涂改、挖补、刮擦或者用药水消除字迹，不得重新抄写。更正错账的方法一般有划线更正法、红字更正法和补充登记法三种。

一、划线更正法

结账前，如果发现账簿记录有错误，并且纯属文字或数字上的笔误，而记账凭证无错误，应采用划线更正法（亦称红线更正法）。

具体做法：先用红墨水笔将错误的文字或数字整体划线注销（不得只划线更正其中的个别文字或数字），划线后应使原来字迹仍可辨认，然后用蓝墨水笔或黑墨水笔将正确的文字或数字填写在划线上方，并由记账员在更正处盖章。

【业务6-55】记账员在根据记账凭证登记账簿时，将3 190.00元误记为3 910.00元，更正方法如图6-2所示，其中横线为红墨水线。

银行存款日记账

户名　中国工商银行天津新开路支行（基本户）　　账号　0302011251462087732

20××年		凭证号	摘要	对方科目	现金支票号码	转账支票号码	借方	贷方	借或贷	余额
月	日						亿千百十万千百十元角分	亿千百十万千百十元角分		亿千百十万千百十元角分
			期初余额						借	2 5 1 9 7 6 5 4 8
12	10	银付01	提取备用金	库存现金	78520469			3 1 9 0 0 0 / 3 9 1 0 0 0	借	2 5 1 6 5 7 5 4 8 / 2 5 1 5 8 5 5 4 8
12	15	现付01	销货款存入银行	库存现金			9 8 6 6 0		借	2 5 1 7 5 6 2 0 8

图6-2　划线更正法

二、红字更正法

红字更正法也叫赤字冲账法，一般适用以下两种情况：

（1）记账后，发现记账凭证中应借、应贷科目发生错误。此时，可采用红字更正法更正。先填制一张红字记账凭证冲销错误，再填制一张蓝字记账凭证更正错误。摘要栏内应注明"冲销×月×日第×号记账凭证"和"更正×月×日第×号记账凭证"。

【业务6-56】某公司生产车间为生产A产品领用A材料1500元，填制记账凭证时，将"生产成本"科目误记成"制造费用"科目，并已登记入账，其会计分录如下（不考虑增值税）：

借：制造费用　　　　　　　　　　　　　　　　　　　　　1 500
　贷：原材料——A材料　　　　　　　　　　　　　　　　　　1 500

发现错误后，应先用红字填制一张与原错误记录内容完全相同的记账凭证，并用红字金额登记入账，其会计分录如下：

借：制造费用　　　　　　　　　　　　　　　　　　　　　1 500
　贷：原材料——A材料　　　　　　　　　　　　　　　　　　1 500

冲销原错误记录以后，再用蓝字填制一张正确的记账凭证，在摘要栏内注明"更正×月×日第×号记账凭证"并登记入账，其会计分录如下：

借：生产成本——A产品　　　　　　　　　　　　　　　　　1 500
　贷：原材料——A材料　　　　　　　　　　　　　　　　　　1 500

上述业务的记账凭证如凭证6-1～凭证6-3所示。

凭证6-1

记 账 凭 证

20××年 12 月 03 日　　　　　　　凭证号（记）003

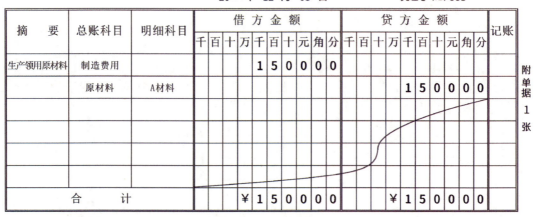

摘　要	总账科目	明细科目	借方金额 千 百 十 万 千 百 十 元 角 分	贷方金额 千 百 十 万 千 百 十 元 角 分	记账
生产领用原材料	制造费用		1 5 0 0 0 0		
	原材料	A材料		1 5 0 0 0 0	
合　　　计			￥1 5 0 0 0 0	￥1 5 0 0 0 0	

附单据1张

会计主管　陈磊　　　　记账　陈丽娟　　　　复核　陈磊　　　　出纳　唐钢

凭证 6 - 2

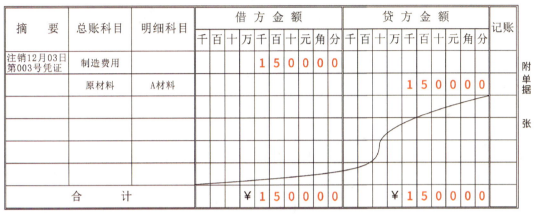

记 账 凭 证

20××年 12 月 06 日　　　　　　　凭证号 (记) 006

摘 要	总账科目	明细科目	借 方 金 额										贷 方 金 额										记账
			千	百	十	万	千	百	十	元	角	分	千	百	十	万	千	百	十	元	角	分	
注销12月03日第003号凭证	制造费用					1	5	0	0	0	0												
	原材料	A材料														1	5	0	0	0	0		
合　　　计					¥	1	5	0	0	0	0				¥	1	5	0	0	0	0		

附单据　　张

会计主管　陈磊　　　　记账　陈丽娟　　　　复核　陈磊　　　　出纳　唐钢

凭证 6 - 3

记 账 凭 证

20××年 12 月 06 日　　　　　　　凭证号 (记) 007

摘 要	总账科目	明细科目	借 方 金 额										贷 方 金 额										记账
			千	百	十	万	千	百	十	元	角	分	千	百	十	万	千	百	十	元	角	分	
更正12月03日第003号凭证	生产成本	A产品					1	5	0	0	0	0											
	原材料	A材料															1	5	0	0	0	0	
合　　　计						¥	1	5	0	0	0	0				¥	1	5	0	0	0	0	

附单据　　张

会计主管　陈磊　　　　记账　陈丽娟　　　　复核　陈磊　　　　出纳　唐钢

（2）记账后，发现记账凭证和账簿记录的应借、应贷科目并无错误，只是所记金额数大于应记金额数。这种情况下，可将多记金额用红字更正法冲销更正。

【业务 6 - 57】某公司以银行存款偿还前欠甲公司购货款 5 000 元。填制记账凭证时，将金额数误记为 50 000 元，并已登记入账，其会计分录如下：

借：应付账款——甲公司　　　　　　　　　　　　　　　　　　　　50 000

　　贷：银行存款　　　　　　　　　　　　　　　　　　　　　　　　　　50 000

发现错误后，应将多记的 45 000 元用红字填制记账凭证，用红字金额登记入账，冲销多记金额数，其会计分录为：

借：应付账款——甲公司   45 000

  贷：银行存款   45 000

上述业务的记账凭证如凭证6-4、凭证6-5所示。

凭证6-4

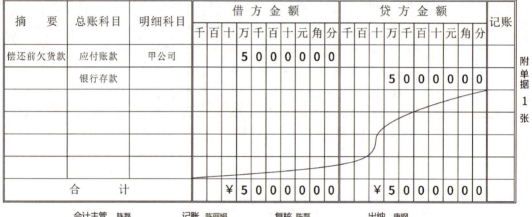

凭证6-5

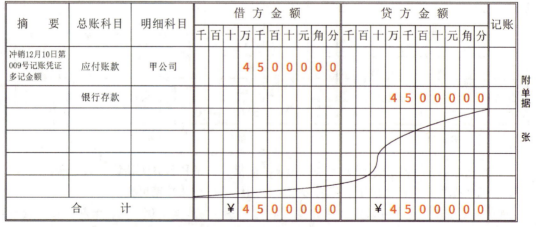

三、补充登记法

记账后，发现记账凭证和账簿记录中应借、应贷科目并无错误，只是所填金额数小于应填金额数。这种情况下，可根据少记金额数填制一张蓝字记账凭证，在摘要栏内注明"补记×月×日第×号记账凭证少记金额"并据以补充登记入账，这种更正方法叫补充登记法。

【业务6-58】某公司收到B公司前欠货款12 000，填制凭证时，将金额误记为1 200元，并已登记入账，其会计分录为：

借：银行存款   1 200

    贷：应收账款——B公司   1 200

发现错误后，应将少记的金额10 800元，用蓝字填制一张记账凭证，用以补充原少记金额，并据以登记入账，其会计分录为：

借：银行存款   10 800

    贷：应收账款——B公司   10 800

上述业务的记账凭证如凭证6-6、凭证6-7所示。

凭证6-6

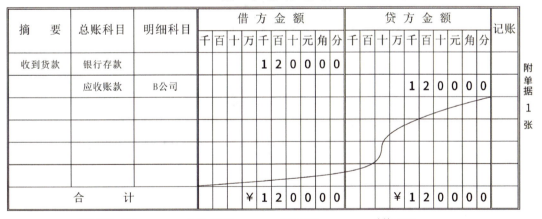

记 账 凭 证

20××年 12 月 15 日   凭证号 (记)010

摘 要	总账科目	明细科目	借方金额 千	百	十	万	千	百	十	元	角	分	贷方金额 千	百	十	万	千	百	十	元	角	分	记账
收到货款	银行存款						1	2	0	0	0	0											
	应收账款	B公司															1	2	0	0	0	0	
合 计							¥	1	2	0	0	0	0					¥	1	2	0	0	0	0

会计主管 陈磊   记账 陈丽娟   复核 陈磊   出纳 唐钢

附单据1张

凭证 6 - 7

记 账 凭 证

20××年 12 月 16 日　　　　　　　凭证号 (记) 011

摘　要	总账科目	明细科目	借 方 金 额										贷 方 金 额										记账
			千	百	十	万	千	百	十	元	角	分	千	百	十	万	千	百	十	元	角	分	
补记12月15日第010记账凭证少记金额	银行存款					1	0	8	0	0	0	0											
	应收账款	B公司														1	0	8	0	0	0	0	
合　　计				¥	1	0	8	0	0	0	0			¥	1	0	8	0	0	0	0		

会计主管　陈磊　　　　记账　陈丽娟　　　　复核　陈磊　　　　出纳　唐钢

附单据　张

任务八

对账和结账

一、对账

对账是指企业、行政事业单位定期对会计账簿记录的有关数字与相关的会计凭证、库存实物、货币资金、有价证券、往来单位或者个人等进行相互核对，以保证账证相符、账账相符、账实相符、账表相符。

对账主要包括下述内容。

(一) 账证核对

账证核对是将账簿记录同会计凭证相核对，以保证账证相符。主要核对记录时间、凭证字号、内容、金额是否一致，记账方向是否相符。

(二) 账账核对

账账核对是将不同账簿进行相互核对，以保证账账相符。主要内容有：

(1) 将全部总分类账的本期借方发生额合计数与本期贷方发生额合计数进行核对，将全部总分类账的期末借方余额合计数与期末贷方余额合计数进行核对，从总体上检查总分类账记录的数据是否正确。这种核对可以通过定期编制总分类账试算平衡表进行。

（2）将总分类账与其所属的明细分类账进行核对，检查总分类账和明细分类账双方记载的经济业务内容及记账方向是否一致，总分类账金额与其所属明细分类账金额之和是否一致。这种核对可通过定期编制明细分类账本期发生额与余额对照表进行。

（3）将现金日记账、银行存款日记账的期末余额与总分类账中的"库存现金""银行存款"的期末余额进行核对，检查总账与日记账记录是否相符。

（4）将财会部门财产物资明细分类账的期末余额与相应的财产物资保管部门或使用部门的明细账、卡片上记载的期末结存数额进行核对，检查其是否相符。

（三）账实核对

账实核对是将账簿的有关记录同有关财产的实有数额相核对，以保证账实相符。其具体核对内容包括：

（1）将现金日记账的账面余额与库存现金实际结余数额相核对。

（2）将银行存款日记账的账面余额与银行转来的对账单上的余额相核对。

（3）将各种财产物资明细账的账面余额与该项财产物资的实际结存数额相核对。

（4）将各种应收、应付款项的明细分类账账面余额与债权、债务的单位或个人相核对。

（四）账表核对

账表核对是将账簿的有关记录同会计报表的有关指标相核对，以保证账表相符。

二、结账

（一）结账的概念

结账是指在一定时期内所发生的全部经济业务登记入账的基础上，将各类账簿记录核算完毕，结出各种账簿本期发生额合计数和期末余额的一项会计核算工作，即结出每个账户的期末余额，结束该期账户记录。

（二）结账的主要内容

（1）结账前，应将当期所发生的经济业务全部登记入账，检查是否有重复记录、遗漏记录的经济业务，是否有记录错误，以便在结账前及时更正。

（2）结账前，应及时调整需进行期末调整的账项，编制有关调整账项的会计分录，并据以登记入账。

（3）结账前，应认真核对和及时清理往来账目，妥善处理应收、应付及暂收、暂付款项的清偿事宜，力争减少呆账和坏账损失的发生。

（4）在确认当期发生的经济业务、调整账项及有关转账业务已全部登记入账后，可办理结账手续。结计总分类账、现金日记账、银行存款日记账、明细分类账的当期发生额、余额及累计金额，并结转下期账簿记录。

（三）结账方法

结账可分为日结、月度结账（月结）、季度结账（季结）、年度结账（年结）。

1. 日结

日结即在每日终了时进行的结账。日结的方法：按日结出余额，既可逐笔结出余额，也可每隔五笔结一次余额，在每日最后一笔记录的摘要栏居中书写"本日合计"，结出当日余额，表明本日结算完毕，不必另起一行。

2. 月度结账（月结）

月结即在每月终了时进行的结账。月结的方法：在最后一笔经济业务的记载下面画一条通栏红线，在红线下面一行的摘要栏内注明"本月合计"或"本期发生额及期末余额"，分别计算出本月借方发生额合计、贷方发生额合计和结余数，填入借方、贷方和余额栏，然后在此行下面再画一条通栏红线，表明本期结算完毕。

3. 季度结账（季结）

季结即每季度终了时进行的结账。季结的方法是：在每季度最后一个月的月度结账的下一行摘要栏注明"本季度合计"或"本季度发生额及余额"，分别计算出本季度三个月的借方发生额合计、贷方发生额合计及季末余额，填入借方、贷方和余额栏，然后在此行下面画一条红线，表示季度结账完毕。

4. 年度结账（年结）

年结即每年年末进行的结账。年度终了结账时，所有总账都应当结出全年发生额和年末余额。年度结账方法是：在本年最后一个季度的结账下一行摘要栏注明"本年合计"或"本年发生额及年末余额"，在借方、贷方、余额三栏分别填入本年度借方发生额合计、贷方发生额合计、年末余额，然后在此行下面画两条通栏红线，表示全年经济业务的登账工作至此全部结束。

月结、季结和年结如图 6-3 所示。

（四）更换账簿

年度终了须更换新的账簿。年度结账以后，将本年度账簿中的余额结转下一会计年度对应的新账簿中去，然后将本年度的全部账簿整理归档，但是像"实收资本""资本公积"这样很少发生业务的账户，可以不需要每年更换。

结转账簿年度余额时，在本账簿中最后一笔记录（即本年合计）的下一行摘要栏注明"结转下年"字样，将计算出的年末余额记入与余额方向相反的借方（或贷方）栏内，在余额栏注明"0"，在借或贷栏注明"平"，至此，本账簿年末余额结转完毕。

下一个会计年度，重新开设所有账簿。登记第一笔经济业务之前，应先将本账簿的上年余额列示出来。即在新建的有关会计账簿的第一行填写"1月1日""上年结转"，将上年结转的余额填入余额栏，并标明借贷方向，借贷方向应与上一个会计年度本账簿的借贷方向相同。

总 分 类 账

20×× 年 度　　　　　科目名称 __主营业务收入__

20××年		记账凭单		摘要	对方科目	编号	借方	贷方	借或贷	余额
月	日	字	号				亿千百十万千百十元角分	亿千百十万千百十元角分		亿千百十万千百十元角分
				......			...	...		...
10	31			本月合计			35721000	35721000	平	0
11	24	记	60	销售产品收到部分货款				3753000	贷	3753000
	26	记	65	销售产品，款未收				300000	贷	4053000
	29	记	69	销售产品货款收存银行				1200000	贷	5253000
	30	记	81	结转本月收入			5253000		平	0
	30			本月合计			5253000	5253000	平	0
12	13	记	39	销售产品货款收存银行				1584000	贷	1584000
	16	记	46	销售产品，款未收				540000	贷	2124000
	20	记	51	销售产品，款未收				540000	贷	2664000
	22	记	59	销售产品收到部分货款				396000	贷	3060000
	26	记	65	销售产品，款未收				300000	贷	3360000
	28	记	72	销售产品货款收存银行				1440000	贷	4800000
	31	记	81	结转本月收入			4800000		平	0
	31			本月合计			4800000	4800000	平	0
	31			本季度合计			45774000	45774000	平	0
	31			本年合计			64226000	64226000	平	0

图 6-3 月结、季节、年结

项目七

编制会计报表

实训目的

1. 通过编制资产负债表和利润表，掌握报表的编制方法。

2. 掌握资产负债表和利润表有关项目的计算方法。

3. 了解报表附注的编制方法。

实训内容

1. 编制资产负债表。

2. 编制利润表。

3. 编制报表附注。

实训方法

线下实操训练。

实训要求

1. 熟练掌握资产负债表有关项目的计算。

2. 熟练掌握利润表有关项目的计算。

3. 掌握报表附注的编制。

了解编制会计报表的要求

编制会计报表实训流程见图 7-1。

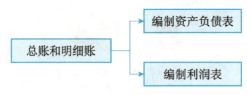

图 7-1　编制会计报表实训流程

一、会计报表的概念

会计报表是指以货币形式总括地反映企业在一定时期或时点的经营成果及财务状况的报告文件。

二、会计报表的分类

(1) 按报表所反映的时间，可分为静态报表和动态报表。静态报表亦称时点报表，如资产负债表；动态报表称为时期报表，如损益表。

(2) 按报表的编制时间，可分为定期报表和不定期报表。

(3) 按报表的编制单位，可分为企业本体报表和合并报表。

(4) 按报表的使用对象，可分为对内报表和对外报表。对内报表又称内部报表，是指为适应企业内部经营管理需要而编制的报表，包括费用明细表、产品成本表、投资收益表和营业外收支表等。对外报表又称外部报表，主要是指提供给与企业有利害关系的机关、部门和个人使用的报表，包括资产负债表、损益表和现金流量表。

三、编制会计报表前的准备工作

编制会计报表前应做好如下准备工作：
(1) 将报告期发生的所有经济业务全部登记入册，不得遗漏。
(2) 核对账簿，做到账证、账账相符。
(3) 清查财产物资和往来账项，做到账实相符。
(4) 收集编制会计报表的相关资料。

四、会计报表的编制要求

（1）真实可靠。会计报表应当如实反映企业的财务状况和经营成果，做到内容客观，数据准确可靠，不弄虚作假。

（2）全面完整。会计报表应反映企业生产经营活动的全貌，全面反映企业的财务状况和经营成果。

（3）会计方法前后一致。编制会计报表依据的会计方法，前后期应当遵循一致原则，不得随意更改。

（4）编报及时。会计报表提供的信息具有时效性，只有及时编报，才能便于使用。

编制资产负债表

一、资产负债表概述

资产负债表是反映企业在某一特定日期财务状况的会计报表。

资产负债表是通过资产、负债和所有者权益这三个会计要素来反映企业某一特定时期的财务状况的，因此，资产负债表的基本结构就是以"资产＝负债＋所有者权益"这个会计平衡公式为基础展开的，采用左右平衡的账户式，左方反映资产项目，右方反映负债和所有者权益项目。这种结构清晰地反映了企业在生产经营活动中持有的各项经济资源及其同权益的对照关系。

在资产负债表中，我们还要将资产、负债和所有者权益进行细分：首先，资产是按照资产变现能力的强弱（或资产流动速度的快慢）进行排列的，变现能力强的排在前面，变现能力弱的排在后面，故将资产分为流动资产和非流动资产；其次，负债是按照到期日的远近进行排列的，到期日近的排在前面，到期日远的排在后面，近者在先，远者在后，故将负债分为流动负债和非流动负债；最后，所有者权益是按照权益永久程度的高低进行排列的，永久程度高的排在前面，永久程度低的排在后面，故将所有者权益（股东权益）分为实收资本（股本）、资本公积、盈余公积和未分配利润四类。

二、资产负债表的编制方法

资产负债表各项目均需填列"年初余额"和"期末余额"两栏。

（一）"年初余额"栏填列方法

"年初余额"栏的各项数字应根据上年末资产负债表"期末余额"栏内所列数字填列。如果本年度资产负债表各项目的名称和内容与上年度不一致，应对上年年末资产负债表各项目的名称和数字按本年度的规定进行调整，填入本年"年初余额"栏。

（二）"期末余额"栏填列方法

（1）根据总账科目余额直接填列。如"短期借款""应付职工薪酬"项目，可根据其总账科目的余额直接填列。

（2）根据几个总账科目的期末余额计算填列。如"货币资金"项目，需根据"库存现金""银行存款""其他货币资金"三个总账科目的期末余额的合计数填列。

注意：备用金不属于其他货币资金，属于其他应收款。

（3）根据明细账科目余额计算填列。如"其他应收款"项目，应根据"应收利息""应收股利""其他应收款"科目的期末余额合计数，减去"坏账准备"科目中相关坏账准备期末余额后的金额填列；又如"其他应付款"项目，应根据"应付利息""应付股利""其他应付款"科目的期末余额合计数填列。

（4）根据总账科目和明细账科目余额分析计算填列。如"长期借款"项目，需要根据"长期借款"总账科目余额扣除"长期借款"科目所属的明细科目中将在一年内到期的长期借款后的金额计算填列。

（5）根据有关科目余额减去其备抵科目余额后的净额填列。如"应收票据""应收账款""长期股权投资""在建工程"等项目，应当根据"应收票据""应收账款""长期股权投资""在建工程"等项目的期末余额减去"坏账准备""长期股权投资减值准备""在建工程减值准备"等科目余额后的净额填列；又如"固定资产"项目，应当根据"固定资产"科目的期末余额减去"累计折旧""固定资产减值准备"备抵科目余额后的净额填列；再如"无形资产"项目，应当根据"无形资产"科目的期末余额减去"累计摊销""无形资产减值准备"备抵科目余额后的净额填列。

（6）综合运用上述填列方法分析填列。如"存货"项目，需要根据"原材料""委托加工物资""周转材料""材料采购""在途物资""发出商品""材料成本差异"等总账科目期末余额的分析汇总数，减去"存货跌价准备"科目余额后的净额填列。

"期末余额"各项目的具体内容和填列方法如下：

（1）"货币资金"项目，反映企业会计报告期末库存现金、银行存款、其他货币资金的合计数。本项目应根据"库存现金""银行存款""其他货币资金"科目的期末借方余额合计数填列。

（2）"交易性金融资产"项目，反映企业持有的以公允价值计量且其变动计入当期损益的为交易目的而持有的债券投资、股票投资、基金投资、权证投资等交易性金融资产。本项目应根据"交易性金融资产"科目的期末余额填列。

（3）"衍生金融资产"项目，反映企业衍生金融工具业务中的衍生金融工具的公允价值及其变动形成的衍生资产或者负债。"衍生金融资产"科目属于共同类科目，如果期末余额在借方，就表示资产；如果期末余额在贷方，就表示负债。

（4）"应收票据"项目，反映资产负债表以摊余成本计量的，企业因销售商品、提供服务等收到的商业汇票，包括银行承兑汇票和商业承兑汇票。本项目应根据"应收票据"科目的期末余额，减去"坏账准备"科目中相关坏账准备期末余额后的金额分析填列。

（5）"应收账款"项目，反映资产负债表以摊余成本计量的，企业因销售商品、提供服务等经营活动应收取的款项。本项目应根据"应收账款"科目的期末余额，减去"坏账准备"科目中相关坏账准备余额后的金额分析填列。

（6）"预付款项"项目，反映企业预收的款项，减去已计提的坏账准备后的净额。本项目根据"预付账款"和"应付账款"科目所属各明细科目的期末借方余额合计，减去"坏账准备"科目中有关预付账款计提的坏账准备期末余额后的金额列。如果"预付账款"科目所属明细科目的期末为贷方余额，应在本表"应付账款"项目填列。

（7）"其他应收款"项目，应根据"应收利息""应收股利""其他应收款"科目的期末余额合计数，减去"坏账准备"科目中相关坏账准备期末余额后的金额填列。

（8）"存货"项目，反映企业期末在库、在途和在加工中的各项存货的可变现净值，包括各种原材料、商品、在产品、半成品、发出商品、包装物、低值易耗品和委托代销商品等。本项目应根据"在途物资（材料采购）""原材料""低值易耗品""库存商品""周转材料""委托加工物资""委托代销商品""生产成本""劳务成本"等科目的期末余额合计，减去"受托代销商品款""存货跌价准备"科目期末余额后的金额填列。材料采用计划成本核算以及库存商品采用计划成本或售价核算的小企业，应按加上或减去材料成本差异、减去商品进销差价后的金额填列。

（9）"持有待售资产"项目，反映资产负债表日划分为持有待售类别的非流动资产及划分为持有待售类别的处置组中的流动资产和非流动资产的期末账面价值。本项目应根据"持有待售资产"科目的期末余额，减去"持有待售资产减值准备"科目的期末余额后的金额填列。

（10）"一年内到期的非流动资产"项目，反映企业非流动资产项目中在一年内到期的金额，包括一年内到期的"持有至到期投资"、一年内摊销的"长期待摊费用"和一年内可收回的"长期应收款"。本项目应根据上述科目余额之和分析计算后填列。

（11）"其他流动资产"项目，反映企业除以上流动资产项目外的其他流动资产。本项目应根据有关科目的期末余额填列。如果其他流动资产价值较大，应在财务报表附注中披露其内容和金额。

（12）"流动资产合计"项目，反映企业所有流动资产的总额。本项目应根据上述（1）～（11）项金额相加填列。

（13）"债权投资"项目，反映资产负债表日企业以摊余成本计量的长期债权投资的期末账面价值。本项目应根据"债权投资"科目的相关明细科目期末余额，减去"债权投资减值准备"科目中相关减值准备的期末余额后的金额分析填列。自资产负债表日起一年内到期的长期债权投资的期末账面价值，在"一年内到期的非流动资产"项目反映。企业购入的以摊余成本计量的一年内到期的债权投资的期末账面价值，在"其他流动资产"项目反映。

（14）"其他债权投资"项目，反映资产负债表日企业分类为以公允价值计量且其变动计入其他综合收益的长期债权投资的期末账面价值。本项目应根据"其他债权投资"科目的相关明细科目的期末余额分析填列。自资产负债表日起一年内到期的长期债权投资的期末账面价值，在"一年内到期的非流动资产"项目反映。企业购入的以公允价值计量且其变动计入其他综合收益的一年内到期的债权投资的期末账面价值，在"其他流动资产"项目反映。

（15）"长期应收款"项目，反映企业融资租赁产生的应收款项、采取递延方式具有融资性质的销售商品和提供劳务等产生的长期应收款项等。本项目根据"长期应收款"科目的期末余额，减去一年内到期的部分、"未确认融资收益"科目期末余额、"坏账准备"科目中按长期应收款计提的坏账损失后的金额填列。

（16）"长期股权投资"项目，反映企业不准备在一年内（含一年）变现的各种股权性质的投资的可收回金额。本项目应根据"长期股权投资"科目的期末借方余额减去"长期股权投资减值准备"科目期末贷方余额后填列。

（17）"投资性房地产"项目，反映企业持有的投资性房地产。企业采用成本模式计量投资性房地产的，本项目应根据"投资性房地产"科目的期末余额，减去"投资性房地产累计折旧（摊销）"和"投资性房地产减值准备"科目余额后的金额填列；企业采用公允价值模式计量投资性房地产的，本项目应根据"投资性房地产"科目的期末余额填列。

（18）"固定资产"项目，反映资产负债表日企业固定资产的期末账面价值和企业尚未清理完毕的固定资产清理净损益。本项目应根据"固定资产"科目的期末余额，减去"累计折旧"和"固定资产减值准备"科目的期末余额后的金额，以及"固定资产清理"科目的期末余额填列。

（19）"在建工程"项目，反映资产负债表日企业尚未达到预定可使用状态的在建工程的期末账面价值和企业为在建工程准备的各种物资的期末账面价值。本项目应根据"在建工程"科目的期末余额，减去"在建工程减值准备"科目的期末余额后的金额，以及"工程物资"科目的期末余额，减去"工程物资减值准备"科目的期末余额后的金额填列。

（20）"生产性生物资产"项目，反映企业（农业）持有的生产性生物资产净价。本项目应根据"生产性生物资产"科目的期末余额，减去"生产性生物资产累计折旧"和"生产性生物资产减值准备"科目期末贷方余额后填列。

（21）"油气资产"项目，反映企业（石油天然气开采）持有的矿区权益和油气井及相关设施减去累计折耗和累计减值准备后的净价。本项目应根据"油气资产"科目的期末余额减去"累计折耗"科目期末余额和相应减值准备后的金额填列。

（22）"无形资产"项目，反映企业持有的各项无形资产的净值。本项目应根据"无形资产"科目的期末借方余额，减去"累计摊销"和"无形资产减值准备"科目的期末贷方余额填列。

（23）"开发支出"项目，反映企业开发无形资产过程中发生的、尚未形成无形资产成本的支出。本项目根据"研发支出"科目中所属的"资本化支出"明细科目期末余额填列。

（24）"商誉"项目，反映企业商誉的价值。本项目根据"商誉"科目期末余额减去相应减值准备填列。

（25）"长期待摊费用"项目，反映企业尚未摊销的摊销期限在1年以上（不含1年）的各项费用。本项目应根据"长期待摊费用"科目的期末余额减去将于1年内（含1年）摊销的数额后的金额填列。

（26）"递延所得税资产"项目，反映企业可抵扣暂时性差异形成的递延所得税资产。本项目应根据"递延所得税资产"科目的期末余额填列。

（27）"其他非流动资产"项目，反映企业除以上资产以外的其他非流动资产。本项目应根据有关科目的期末余额填列。

（28）"非流动资产合计"项目，反映企业所有非流动资产的总额。本项目应根据上述（13）～（27）项金额相加填列。

（29）"资产总计"项目，反映企业所有全部资产的总额。本项目应根据（12）与（28）项之和填列。

（30）"短期借款"项目，反映企业借入的、尚未归还的1年期以下（含1年）的借款。本项目应根据"短期借款"科目的期末贷方余额填列。

（31）"交易性金融负债"项目，反映资产负债表日企业承担的交易性金融负债，以及企业持有的指定为以公允价值计量且其变动计入当期损益的金融负债的期末账面价值。本项目应根据"交易性金融负债"科目的相关明细科目的期末余额填列。

（32）"应付票据"项目，反映资产负债表日以摊余成本计量的，企业因购买材料、商品和接受服务等开出、承兑的商业汇票，包括银行承兑汇票和商业承兑汇票。本项目应根据"应付票据"科目的期末余额填列。

（33）"应付账款"项目，反映资产负债表日以摊余成本计量的，企业因购买材料、商品和接受服务等经营活动应支付的款项。本项目应根据"应付账款"和"预付账款"科目所有相关明细科目的期末贷方余额合计数填列。

（34）"预收款项"项目，反映企业按合同规定预收的款项。本项目根据"预收账款"和"应收账款"所属各明细科目的期末贷方余额合计数填列。

（35）"应付职工薪酬"项目，反映企业应付未付的工资和社会保险费等职工薪酬。本项目应根据"应付职工薪酬"科目的期末贷方余额填列，如"应付职工薪酬"科目期末为借方余额，则以"—"号填列。

（36）"应交税费"项目，反映企业期末未交、多交或未抵扣的各种税金。本项目应根据"应交税费"科目的期末贷方余额填列，如"应交税费"科目期末为借方余额，则以"—"号填列。

（37）"其他应付款"项目，应根据"应付利息""应付股利""其他应付款"科目的期末余额合计数填列。

（38）"持有待售负债"项目，反映资产负债表日处置组中与划分为持有待售类别的资产直接相关的负债的期末账面价值。本项目应根据"持有待售负债"科目的期末余额填列。

（39）"一年内到期的非流动负债"项目，反映企业各种非流动负债在一年之内到期的金额，包括一年内到期的长期借款、长期应付款和应付债券、预计负债。本项目应根据上述科目余额分析计算后填列。

（40）"其他流动负债"项目，反映企业除以上流动负债以外的其他流动负债。本项目应根据有关科目的期末余额填列。

（41）"流动负债合计"项目，反映企业所有流动负债的合计金额。本项目应根据

（30）～（40）项之和填列。

（42）"长期借款"项目，反映企业借入的、尚未归还的 1 年期以上（不含 1 年）的各期借款。本项目应根据"长期借款"科目的期末余额减去一年内到期部分的金额填列。

（43）"应付债券"项目，反映企业尚未偿还的长期债券摊余价值。本项目下增设"优先股"和"永续债"两个项目，分别反映企业发行的分类为金融负债的优先股和永续债的账面价值。

（44）"长期应付款"项目，反映资产负债表日企业除长期借款和应付债券以外的其他各种长期应付款项的期末账面价值。本项目应根据"长期应付款"科目的期末余额，减去相关的"未确认融资费用"科目的期末余额后的金额，以及"专项应付款"科目的期末余额填列。

（45）"预计负债"项目，反映企业计提的各种预计负债。本项目根据"预计负债"科目的期末贷方余额填列。

（46）"递延所得税负债"项目，反映企业根据应纳税暂时性差异确认的递延所得税负债。本项目根据"递延所得税负债"科目的期末贷方余额填列。

（47）"其他非流动负债"项目，反映企业除长期借款、应付债券等负债以外的其他非流动负债。本项目应根据有关科目的期末余额填列。

（48）"非流动负债合计"项目，反映企业全部非流动负债的总额。本项目根据（42）～（47）项之和填列。

（49）"负债合计"项目，反映企业负债的总额。本项目根据（41）与（48）项之和填列。

（50）"实收资本（或股本）"项目，反映企业各投资者实际投入的资本总额。本项目应根据"实收资本（或股本）"科目的期末贷方余额填列。

（51）"其他权益工具"项目，反映企业发行的除普通股以外的归类为权益工具的各种金融工具，应按发行金融工具的种类等进行明细核算。本项目下增设"优先股"和"永续债"两个项目，分别反映企业发行的分类为权益工具的优先股和永续债的账面价值。

（52）"资本公积"项目，反映企业资本公积的期末余额。本项目应根据"资本公积"科目的期末贷方余额填列。

（53）"库存股"项目，反映企业收购转让或注销的本公司股份金额。本项目根据"库存股"科目的期末借方余额填列。

（54）"其他综合收益"项目，反映企业未在损益中确认的各项利得和损失扣除所得税影响后的净额。

（55）"盈余公积"项目，反映企业盈余公积的期末余额。本项目应根据"盈余公积"科目的期末贷方余额填列。

（56）"未分配利润"项目，反映企业尚未分配的利润。本项目应根据"本年利润"科目和"利润分配"科目的期末余额计算填列，如为未弥补的亏损，则以"一"号填列。

（57）"所有者权益（或股东权益）合计"项目，反映企业所有者权益的总额。本项目根据（50）、（51）、（52）、（54）、（55）、（56）项之和减（53）项填列。

三、资产负债表的报送

（1）报表编制完成后，经由本单位会计主管人员和单位负责人认真审核并签字盖章，加具封面、装订成册、加盖公章后才能报送。封面应注明单位名称、地址、主管部门、开业年份、报表所属年度和月份、送出日期等。

（2）报送的具体部门与单位的隶属关系、经济监督等有关。一般应向上级主管部门、开户银行、财税和税务机关及审计单位报送。上市公司应通过一定媒体向外部投资者公示。

四、资产负债表编制举例

天津盛丰机械制造有限公司20××年12月初总分类账户余额如表7-1所示。

表7-1　天津盛丰机械制造有限公司12月初总分类账户余额　　　　　　　　单位：元

账户名称	借方金额	账户名称	贷方金额
库存现金	4 800	累计折旧	77 935
银行存款	121 594	短期借款	200 000
应收账款	29 250	应付账款	10 000
原材料	26 300	实收资本	500 000
库存商品	97 416	盈余公积	20 000
生产成本	14 920	本年利润	236 345
固定资产	750 000		
合计	1 044 280	合计	1 044 280

天津盛丰机械制造有限公司20××年12月发生一系列经济业务活动后，20××年12月31日各总分类账账户余额如表7-2所示。

表7-2　天津盛丰机械制造有限公司12月31日总分类账户余额　　　　　　　　单位：元

账户名称	借方余额	账户名称	贷方余额
库存现金	1 410	累计折旧	82 735
银行存款	501 674	短期借款	250 000
应收账款	29 250	应付账款	10 000
其他应收款	600	应交税费	11 315
原材料	52 200	应付职工薪酬	7 000
生产成本	12 780	其他应付款	300
库存商品	97 856	应付利息	250
固定资产	1 000 000	应付股利	132 085
无形资产	80 000	实收资本	1 130 000
		盈余公积	46 417
		未分配利润	105 668
合计	1 775 770	合计	1 775 770

要求：根据以上资料编制天津盛丰机械制造有限公司 20××年 12 月 31 日的资产负债表。

分析：按照资产负债表编制要求，根据上述资料编制天津盛丰机械制造有限公司 12 月 31 日的资产负债表，如表 7-3 所示。

表 7-3　资产负债表

编制单位：天津盛丰机械制造有限公司　　20××年 12 月 31 日　　　　　　　　　　单位：元

资产	期末余额	年初余额（略）	负债和所有者权益（或股东权益）	期末余额	年初余额（略）
流动资产：			流动负债：		
货币资金	503 084		短期借款	250 000	
交易性金融资产			交易性金融负债		
衍生金融资产			衍生金融负债		
应收票据			应付票据		
应收账款	29 250		应付账款	10 000	
预付款项			预收款项		
其他应收款	600		应付职工薪酬	7 000	
存货	162 836		应交税费	11 315	
持有待售资产			其他应付款	132 635	
一年内到期的非流动资产			持有待售负债		
其他流动资产			一年内到期的非流动负债		
流动资产合计	695 770		其他流动负债		
非流动资产：			流动负债合计	410 950	
债权投资			非流动负债：		
其他债权投资			长期借款		
长期应收款			应付债券		
长期股权投资			其中：优先股		
投资性房地产			永续债		
固定资产	917 265		长期应付款		
在建工程			预计负债		
生产性生物资产			递延收益		
油气资产			递延所得税负债		
无形资产	80 000		其他非流动负债		
开发支出			非流动负债合计		
商誉			负债合计	410 950	
长期待摊费用			所有者权益（或股东权益）：		

续表

资产	期末余额	年初余额（略）	负债和所有者权益（或股东权益）	期末余额	年初余额（略）
递延所得税资产			实收资本（或股本）	1 130 000	
其他非流动资产			其他权益工具		
非流动资产合计	997 265		其中：优先股		
			永续债		
			资本公积		
			减：库存股		
			其他综合收益		
			专项储备		
			盈余公积	46 417	
			未分配利润	105 668	
			所有者权益（或股东权益）合计	1 282 085	
资产总计	1 693 035		负债和所有者权益（或股东权益）总计	1 693 035	

五、资产负债表编制训练

资料：鑫鑫有限公司 20××年 12 月 31 日总分类账户余额如表 7-4 所示。

表 7-4 鑫鑫有限公司 12 月末总分类账户余额 单位：元

账户名称	借方余额	账户名称	贷方余额
库存现金	1 500	短期借款	76 000
银行存款	86 252	应付账款	37 350
应收账款	31 900	其他应付款	5 180
其他应收款	300	应付职工薪酬	27 550
原材料	176 570	应交税费	8 290
生产成本	30 182	应付股利	12 364
库存商品	16 270	长期借款	50 000
长期投资	60 000	累计折旧	181 500
固定资产	500 000	实收资本	491 500
无形资产	15 000	盈余公积	25 000
利润分配	32 760	本年利润	36 000
合计	950 734	合计	950 734

"应收账款"明细账户余额：甲厂 41 900 元（借），乙厂 10 000 元（贷）。

"应付账款"明细账户余额：丙厂 54 350 元（贷），丁厂 17 000 元（借）。

要求：根据上述资料编制鑫鑫有限公司 20××年 12 月末的资产负债表（见表 7-5）。

表 7-5　资产负债表

编制单位：　　　　　　　　　　　　　　　年　　月　　　　　　　　　　　单位：元

资产	期末余额	年初余额（略）	负债和所有者权益（或股东权益）	期末余额	年初余额（略）
流动资产：			流动负债：		
货币资金			短期借款		
交易性金融资产			交易性金融负债		
衍生金融资产			衍生金融负债		
应收票据			应付票据		
应付账款			应付账款		
预付款项			预收款项		
其他应收款			应付职工薪酬		
存货			应交税费		
持有待售资产			其他应付款		
一年内到期的非流动资产			持有待售负债		
其他流动资产			一年内到期的非流动负债		
流动资产合计			其他流动负债		
非流动资产：			流动负债合计		
债权投资			非流动负债：		
其他债权投资			长期借款		
长期应收款			应付债券		
长期股权投资			其中：优先股		
投资性房地产			永续债		
固定资产			长期应付款		
在建工程			预计负债		
生产性生物资产			递延收益		
油气资产			递延所得税负债		
无形资产			其他非流动负债		
开发支出			非流动负债合计		
商誉			负债合计		
长期待摊费用			所有者权益（或股东权益）：		
递延所得税资产			实收资本（或股本）		
其他非流动资产			其他权益工具		
非流动资产合计			其中：优先股		

续表

资产	期末余额	年初余额（略）	负债和所有者权益（或股东权益）	期末余额	年初余额（略）
			永续债		
			资本公积		
			减：库存股		
			其他综合收益		
			专项储备		
			盈余公积		
			未分配利润		
			所有者权益（或股东权益）合计		
资产总计			负债和所有者权益（或股东权益）总计		

任务三

编制利润表

一、利润表概述

利润表是反映企业一定期间生产经营成果的会计报表。

利润是企业在一定时期内全部经营活动反映在财务上的最终结果，是衡量企业经营管理最重要的综合指标。营业利润、利润总额、净利润是利润的几个主要层次。利润表的格式主要有单步式和多步式两种。

单步式利润表是把本期所有的收入加在一起，所有的费用加在一起，两者相抵，一次计算出当期损益。

多步式利润表是将收入和费用各项分别加以归类，分步反映损益的形成过程。

我国会计准则规定利润表采用多步式格式。

二、利润表的编制

2019 年 4 月，财政部对一般企业财务报表的格式进行了修订，对利润表的以下项目进行了修订：

（1）"研发费用"项目，反映企业进行研究与开发过程中发生的费用化支出。该项目应根据"管理费用"科目下的"研发费用"明细科目的发生额分析填列。

（2）"利息费用"行项目，反映企业为筹集生产经营所需资金等而发生的应予以费用化的利息支出。该项目应根据"财务费用"科目的相关明细科目的发生额分析填列。

（3）"利息收入"项目，反映企业确认的利息收入。该项目应根据"财务费用"科目的相关明细科目的发生额分析填列。

（4）"其他收益"项目，反映计入其他收益的政府补助等。该项目应根据"其他收益"科目的发生额分析填列。

（5）"资产处置收益"项目，反映企业出售划分为持有待售的非流动资产（金融工具、长期股权投资和投资性房地产除外）或处置组（子公司和业务除外）时确认的处置利得或损失，以及处置未划分为持有待售的固定资产、在建工程、生产性生物资产及无形资产而产生的处置利得或损失。债务重组中因处置非流动资产产生的利得或损失和非货币性资产交换中换出非流动资产产生的利得或损失也包括在本项目内。该项目应根据"资产处置损益"科目的发生额分析填列；如为处置损失，则以"一"号填列。

（6）"营业外收入"项目，反映企业发生的除营业利润以外的收益，主要包括债务重组利得、与企业日常活动无关的政府补助、盘盈利得、捐赠利得（企业接受股东或股东的子公司直接或间接的捐赠，经济实质属于股东对企业的资本性投入的除外）等。该项目应根据"营业外收入"科目的发生额分析填列。

（7）"营业外支出"项目，反映企业发生的除营业利润以外的支出，主要包括债务重组损失、公益性捐赠支出、非常损失、盘亏损失、非流动资产毁损报废损失等。该项目应根据"营业外支出"科目的发生额分析填列。

（8）"持续经营净利润"和"终止经营净利润"项目，分别反映净利润中与持续经营相关的净利润和与终止经营相关的净利润；如为净亏损，则以"一"号填列。这两个项目应按照《企业会计准则第 42 号——持有待售的非流动资产、处置组和终止经营》的相关规定分别列报。

在填制利润表时，按照以下公式计算净利润：

（1）营业利润是企业利润的主要来源。用公式表示为：

$$营业利润＝营业收入－营业成本－税金及附加－销售费用－管理费用－财务费用－信用减值损失－资产减值损失＋其他收益＋投资收益＋公允价值变动收益＋资产处置收益$$

其中，营业收入包括主营业务收入和其他业务收入；营业成本包括主营业务成本和其他业务成本；资产减值损失是指各项资产期末按一定计量属性计量的资产价值与账面价值之间的差额；投资收益是指企业对外投资实现的收益扣除损失后的净额，投资收益包括对外投资分得的利润、股利和利息，以及投资到期收回或中途转让取得价款高于账面价值的差额等，投资损失包括投资到期收回或中途转让取得的价款低于账面价值的差额等；"公允价值变动收益"项目根据"公允价值变动损益"科目发生额填列，损失以"一"号表示。

（2）利润总额是由营业利润加减非经营性质的收支形成的。用公式表示为：

$$利润总额＝营业利润＋营业外收入－营业外支出$$

营业外收支，是指与企业的生产经营活动无直接关系的各项收支。营业外收入并不是企业生产经营资金耗费所产生的，不需要企业付出代价，实际上是一种纯收入。营业外收入主要包括固定资产盘盈、处置固定资产净收益、罚款收入等。营业外支出是指不属于企业生产经营费用，与企业生产经营活动没有直接关系，但应从企业实现的利润总额中扣除的支出。营业外支出主要包括固定资产盘亏、处置固定资产净损失、罚款支出、非常损失、捐赠支出等。

（3）净利润为利润总额减去所得税费用后的净额。用公式表示为：

净利润＝利润总额－所得税费用

三、编制利润表应注意的问题

（1）利润表中的"本期金额"栏应按照本期实际累计发生额填列，不得估计，不得填入未发生的金额。"上期金额"栏应依据上年同期利润表中"本期金额"栏内所列数据填列。

（2）由于按会计方法计算的会计利润与按税法规定计算的应税利润对同一企业在同一会计期间的经营成果的计算结果会产生差异，所以在实际工作中，二者计算出来的结果往往是不相等的。

（3）利润表中税后净利润以及利润分配表中的未分配利润应与资产负债表中的"未分配利润"项目相核对，以检查报表的正确性。

四、计算缴纳所得税的要求与方法

根据《中华人民共和国企业所得税法》的规定，在我国境内，企业和其他取得收入的组织为企业所得税的纳税人，依照该法的规定缴纳企业所得税。企业会计人员应根据《企业会计准则第18号——所得税》的规定，按照资产负债表债务法确定资产与负债的计税基础，计算出所得税费用。

纳税人应纳所得税额，按应纳税所得额计算，其计算公式为：

应纳税所得额＝纳税年度收入总额－不征税收入－免税收入－各项准予扣除项目金额－允许弥补的以前年度亏损

应纳所得税额＝应纳税所得额×适用税率

五、利润表编制举例

天津盛丰机械制造有限公司20××年底各损益类科目累计发生额如表7-6所示。

表7-6　20××年各损益类科目累计发生额　　　　　　　　　　　　　单位：元

科目名称	借方发生额	贷方发生额
主营业务收入		533 000.00
其他业务收入		0
营业外收入		0

续表

科目名称	借方发生额	贷方发生额
主营业务成本	303 250.00	
其他业务成本	0	
税金及附加	2 000.00	
销售费用	2 000.00	
管理费用	5 000.00	
财务费用	3 000.00	
营业外支出	0	
所得税费用	49 687.50	
公允价值变动收益		1 000.00
资产减值损失	20 000.00	

要求：编制天津盛丰机械制造有限公司 20××年的利润表。

分析：按照利润表编制要求，根据上述资料编制天津盛丰机械制造有限公司 20××年利润表，如表7-7所示。

表7-7 利润表

编制单位：天津盛丰机械制造有限公司　　　　　20××年　　　　　　　　　　单位：元

项目	本期金额	上期金额（略）
一、营业收入	533 000.00	
减：营业成本	303 250.00	
税金及附加	2 000.00	
销售费用	2 000.00	
管理费用	5 000.00	
研发费用		
财务费用	3 000.00	
其中：利息费用		
利息收入		
加：其他收益		
投资收益（损失以"－"号填列）		
其中：对联营企业和合营企业的投资收益		
以摊余成本计量的金融资产终止确认收益（损失以"－"号填列）		
净敞口套期收益（损失以"－"号填列）		
公允价值变动收益（损失以"－"号填列）	1 000.00	
信用减值损失（损失以"－"号填列）		
资产减值损失（损失以"－"号填列）	－20 000.00	
资产处置收益（损失以"－"号填列）		
二、营业利润（亏损以"－"号填列）	198 750.00	
加：营业外收入		

续表

项目	本期金额	上期金额（略）
减：营业外支出		
三、利润总额（亏损总额以"－"号填列）	198 750.00	
减：所得税费用	49 687.50	
四、净利润（净亏损以"－"号填列）	149 062.50	
（一）持续经营净利润（净亏损以"－"号填列）		
（二）终止经营净利润（净亏损以"－"号填列）		
五、其他综合收益的税后净额		
（一）不能重分类进损益的其他综合收益		
1. 重新计量设定受益计划变动额		
2. 权益法下不能转损益的其他综合收益		
……		
（二）将重分类进损益的其他综合收益		
1. 权益法下可转损益的其他综合收益		
2. 其他债权投资公允价值变动		
3. 金融资产重分类计入其他综合收益的金额		
4. 其他债权投资信用减值准备		
5. 现金流量套期储备		
……		
六、综合收益总额		
七、每股收益：		
（一）基本每股收益		
（二）稀释每股收益		

六、利润表编制训练

资料：鑫鑫有限公司 20××年度损益类科目累计发生额如表 7-8 所示。

表 7-8　20××年度损益类科目累计发生额　　　　　　单位：元

科目名称	借方发生额	贷方发生额
主营业务收入		800 000
主营业务成本	460 000	
税金及附加	24 000	
其他业务收入		40 000
其他业务支出	25 000	
销售费用	35 000	
管理费用	50 000	
财务费用	15 000	
投资收益		15 000
营业外收入		2 000
营业外支出	8 000	
所得税费用	79 200	

要求：编制鑫鑫有限公司 20××年的利润表（见表7-9）。

表7-9　利润表

编制单位：　　　　　　　　　　　　　　　　　　　　　　　　　　　单位：元

项目	本期金额	上期金额（略）
一、营业收入		
减：营业成本		
税金及附加		
销售费用		
管理费用		
研发费用		
财务费用		
其中：利息费用		
利息收入		
加：其他收益		
投资收益（损失以"—"号填列）		
其中：对联营企业和合营企业的投资收益		
以摊余成本计量的金融资产终止确认收益（损失以"—"号填列）		
净敞口套期收益（损失以"—"号填列）		
公允价值变动收益（损失以"—"号填列）		
信用减值损失（损失以"—"号填列）		
资产减值损失（损失以"—"号填列）		
资产处置收益（损失以"—"号填列）		
二、营业利润（亏损以"—"号填列）		
加：营业外收入		
减：营业外支出		
三、利润总额（亏损总额以"—"号填列）		
减：所得税费用		
四、净利润（净亏损以"—"号填列）		
（一）持续经营净利润（净亏损以"—"号填列）		
（二）终止经营净利润（净亏损以"—"号填列）		
五、其他综合收益的税后净额		
（一）不能重分类进损益的其他综合收益		
1.重新计量设定受益计划变动额		
2.权益法下不能转损益的其他综合收益		
……		
（二）将重分类进损益的其他综合收益		
1.权益法下可转损益的其他综合收益		

续表

项目	本期金额	上期金额（略）
2. 其他债权投资公允价值变动		
3. 金融资产重分类计入其他综合收益的金额		
4. 其他债权投资信用减值准备		
5. 现金流量套期储备		
……		
六、综合收益总额		
七、每股收益：		
（一）基本每股收益		
（二）稀释每股收益		

任务四

编制报表附注

一、报表附注概述

报表附注是对资产负债表、利润表、现金流量表和所有者权益变动表等报表中列示项目的文字描述或明细资料，以及对未能在这些报表中列示项目的说明等。报表附注主要起到两方面的作用：第一，报表附注的披露，是对资产负债表、利润表、现金流量表和所有者权益变动表列示项目含义的补充说明，以帮助财务报表使用者更准确地把握其含义。例如，通过阅读报表附注中披露的固定资产折旧政策的说明，使用者可以掌握报告企业与其他企业在固定资产折旧政策上的异同，以便进行更准确的比较。第二，报表附注提供了对资产负债表、利润表、现金流量表和所有者权益变动表中未列示项目的详细或明细说明。

通过报表附注与资产负债表、利润表、现金流量表和所有者权益变动表列示项目的相互参照关系，以及对未能在财务报表中列示项目的说明，财务报表使用者可以全面了解企业的财务状况、经营成果和现金流量以及所有者权益的情况。

二、报表附注的编写

报表附注是财务报告不可或缺的重要组成部分，既是对财务报表的补充说明，又是对财务报表列示项目内容的进一步深化与完善。报表附注提供的相关信息，不仅能增进会计信息的全面性和完整性，还能突出会计信息的重要性和可比性，强化会计信息的可理解性，提高会计信息的质量。

（一）报表附注披露的基本要求

报表附注应当按照《企业会计准则》规定的结构进行系统合理的排列和分类，有顺序地披露信息。

（二）报表附注披露的内容

报表附注主要包括下述内容。

1. 企业的基本情况

具体包括：

（1）企业注册地、组织形式和总部地址。

（2）企业的业务性质和主要经营活动。

（3）母公司以及集团最终母公司的名称。

（4）财务报告的批准报出者和财务报告批准报出日。

2. 财务报表的编制基础

（1）会计年度。

（2）记账本位币。

（3）会计计量所运用的计量基础。

（4）现金和现金等价物的构成。

3. 遵循会计准则的声明

报表附注中应当明确说明编制财务报表依据的会计准则，并声明编制财务报表符合企业会计准则体系的要求，真实、公允地反映了企业的财务状况、经营成果和现金流量等有关信息。

4. 重要的会计政策和会计估计

企业应当披露重要的会计政策和会计估计，不重要的会计政策和会计估计可以不披露。判断会计政策和会计估计是否重要，应考虑与会计政策和会计估计相关项目的性质及金额。应当披露重要会计政策的确定依据和会计估计中所采用的关键假设和不确定因素的确定依据。

5. 会计政策、会计估计变更以及差错更正说明

（1）会计政策变更的性质、内容和原因。

（2）当期和各个列报前期财务报表中受影响的项目名称和金额。

（3）会计政策变更无法追溯调整的事实和原因，以及开始应用变更后的会计政策的时点、具体应用情况。

（4）会计估计变更的内容和原因。

（5）会计估计变更对当期和未来期间的影响金额。

（6）会计估计变更的影响数不能确定的事实和原因。

（7）前期差错的性质。

（8）各个列报前期财务报表中受影响的项目名称和更正名称，前期差错对当期财务报表也有影响的，还应披露当期财务报表中受影响的项目名称和金额。

（9）前期差错无法进行追溯重述的事实和原因，对前期差错开始进行更正的时点，以

及具体更正情况。

6. 重要报表项目的明细说明

重要报表项目的明细说明，应当按照资产负债表、利润表、现金流量表、所有者权益变动表的顺序以及报表项目列示的顺序，采用文字和数字描述相结合的方式进行披露，并与报表项目和数字相互参照与衔接。

7. 其他需要说明的重要事项

企业发生的或有和承诺事项、资产负债表日非调整事项、关联方关系及交易等，应按相关准则的规定进行披露。

资产减值明细表、分部报表、现金流量表补充资料应当在报表附注中单独披露，不作为报表附表。

(三) 报表附注的形式

报表附注可采用旁注、底注和附表等形式综合反映。

(1) 旁注，是指在财务报表的有关项目后面直接以括号方式加注说明。这是最简单的报表注释方法，与表内已披露信息融为一体，如"应收票据"项目旁加注"（其中：××元已向银行贴现）"。

(2) 底注，也称脚注，是指在财务报表后面用一定的文字和数字所做的补充说明。

(3) 附表，是指反映财务报表内重要项目的构成及增减变动数额的表格。附表所反映的是财务报表中某一项目的明细信息，如资产减值明细表等。

三、报表附注编写训练

本实训以企业简易报表附注为例进行说明。

(一) 基本情况

简要说明公司的所有者及其构成、性质或类型、注册资本、法定代表人、经营范围、注册地址以及生产、经营管理概况等。

(二) 不符合会计核算前提的说明

会计核算前提包括会计主体、持续经营、会计分期和货币计量，如果会计报表不符合这些前提中的任何一个，则应该加以说明。

(三) 主要会计政策和会计估计的说明

1. 会计期间

说明公司的会计年度，如公历每年 1 月 1 日起至 12 月 31 日止。

2. 记账本位币

说明公司的记账本位币，如本公司以人民币为记账本位币。

3. 会计制度

说明公司执行的会计制度。

4. 记账基础和计价原则

说明记账基础是否采用权责发生制原则，资产的计价是否遵循历史成本原则。

5. 外币业务的核算

说明发生外币业务时采用的折算汇率，期末对外币账户折算采用的汇率，以及汇兑差额的处理方法。

6. 合并会计报表编制方法

需要合并会计报表的企业，应说明合并日期、合并范围及其确定原则，子公司与母公司会计政策不一致的，说明在编制时是否已按母公司的会计政策进行了调整，并说明子公司所采用的特殊会计政策；对纳入合并会计报表范围的母公司持股不足50%的子公司，说明纳入合并会计报表合并范围的原因；说明股权比例在50%以上或具有实际控制权但未纳入合并会计报表范围的子公司的名称、性质或类型、注册资本、实际投资额、母公司所持有的各种股权比例，未纳入合并会计报表的原因。

本年度合并会计报表范围如发生变更，应说明变更的内容和理由。

7. 坏账核算方法

说明坏账的确认标准，以及坏账准备的计提方法和计提比例，并重点说明本年度实际冲销的应收款项及其理由，其中，实际冲销的关联交易产生的应收款项应单独披露。

8. 存货核算方法

说明存货分类、取得、发出、计价以及低值易耗品和包装物的摊销方法。

9. 投资的核算方法

说明投资的核算和计价方法；长期投资采用权益法核算时，还应说明投资企业与被投资企业会计政策的重大差异，投资变现及投资收益汇回的重大限制，股权投资差额的摊销方法、债券投资溢价和折价的摊销方法。

10. 固定资产计价与折旧政策

固定资产计价与折旧政策的说明如表 7 - 10 所示。

表 7 - 10　固定资产计价与折旧政策

类别	预计使用年限	预计净残值率	年折旧率	折旧方法
房屋及建筑物				
机器设备				
运输设备				
办公设备				
其他				

11. 无形资产计价及摊销方法

说明无形资产的种类、计价方法及摊销方法。

12. 递延资产的分类及摊销方法

说明递延资产的分类及摊销方法。

13. 应付债券的核算方法

说明应付债券的计价及债券溢价或折价的摊销方法。

14. 税项

税项的说明如表 7 - 11 所示。

表 7 - 11　税项

序号	税种	税率	计税依据

提示：享受税收优惠政策的，应说明依据。

15. 利润分配方法

说明本年度利润分配方法（包括提取法定盈余公积、法定公益金、任意盈余公积、分配股利等）。

16. 收入确认方法

说明本年度实现收入的分类及确认收入的方法。

(四) 重要会计政策和会计估计变更的说明以及重大会计差错更正的说明

(1) 会计政策变更的内容和理由、累积影响数以及累积影响数不能合理确定的理由。

(2) 会计估计变更的内容和理由、影响数以及影响数不能合理确定的理由。

(3) 重大会计差错的内容及更正金额。

(五) 会计报表主要项目注释

1. 货币资金

货币资金的说明如表 7 - 12 所示。

表 7 - 12　货币资金　　　　　　　　　　　　　单位：元

项目	期初余额	期末余额
库存现金		
银行存款		
其他货币资金		
合计		

2. 短期投资

短期投资的说明如表 7 - 13 所示。

表 7 - 13　短期投资　　　　　　　　　　　　　单位：元

项目	期初余额	本期增加额	本期减少额	期末余额
1. 股权投资				
其中：股票投资				
2. 债券投资				
其中：国债投资				
其他债券				
3. 其他投资				
合计				

3. 应收票据

应收票据的说明如表 7 - 14 所示。

表 7 - 14　应收票据

出票人	票据种类	出票日	到期日	期末余额
合计				

4. 应收账款

（1）应收账款期末余额及账龄分析如表 7 - 15 所示。

表 7 - 15　应收账款期末余额及账龄分析　　　　　　　单位：元

账龄项目	期初余额			期末余额		
	金额	比例（%）	坏账准备	金额	比例（%）	坏账准备
1 年以内						
1～2 年						
2～3 年						
3 年以上						
合计						

（2）主要债务人情况如表 7 - 16 所示。

表 7 - 16　主要债务人情况

单位名称	期末余额（元）	备注
合计		

5. 预付账款

（1）预付账款期末余额及账龄分析如表 7 - 17 所示。

表 7 - 17　预付账款期末余额及账龄分析　　　　　　　单位：元

账龄项目	期初余额			期末余额		
	金额	比例（%）	坏账准备	金额	比例（%）	坏账准备
1 年以内						
1～2 年						
2～3 年						
3 年以上						
合计						

（2）主要债务人情况如表 7 - 18 所示。

表 7 - 18　主要债务人

单位名称	期末余额（元）	备注
合计		

6. 存货

存货的说明如表 7 - 19 所示。

表 7 - 19　存货　　金额单位：元

项目	期初余额	期末余额	超过 3 年的存货
原材料			
库存商品			
低值易耗品			
包装物			
合计			

7. 固定资产及累计折旧

固定资产及累计折旧的说明如表 7 - 20 所示。

表 7 - 20　固定资产及累计折旧　　单位：元

固定资产原值	期初余额	本期增加额	本期减少额	期末余额
1. 房屋及建筑物				
2. 机器设备				
3. 运输设备				
4. 办公设备				
5. 其他设备				
合计				
累计折旧				
1. 房屋及建筑物				
2. 机器设备				
3. 运输设备				
4. 办公设备				
5. 其他设备				
合计				
固定资产净值				

8. 应付账款

（1）应付账款期末余额及账龄分析如表 7-21 所示。

表 7-21　应付账款期末余额及账龄分析　　　　　　单位：元

账龄项目	期末余额	所占比例（%）
3 年以内		
3 年（含）以上		
合计		

（2）主要债权人情况如表 7-22 所示。

表 7-22　主要债权人

单位名称	期末余额（元）	备注
合计		

9. 税金及附加

税金及附加情况如表 7-23 所示。

表 7-23　税金及附加

种类	本年发生额（元）	备注
1. 城建税		
2. 教育费附加		
3. 地方教育费附加		
合计		

10. 投资收益

投资收益情况如表 7-24 所示。

表 7-24　投资收益　　　　　　单位：元

项目	股票投资		其他股权投资		债券投资
	成本法	权益法	成本法	权益法	
1. 短期投资					
2. 长期投资					
合计					

项目八

初级会计实务技能综合训练

 **实训目的**

1. 根据公司基础信息，熟悉公司基本经营情况及公司组织结构。

2. 了解公司经济活动类型，了解岗位分工，为整个实训工作做好准备。

3. 掌握会计凭证的编制，登记日记账、总账和明细账，编制资产负债表、利润表和报表附注。

4. 掌握科目汇总表和试算平衡表的编制。

实训内容

1. 根据业务填制记账凭证。

2. 根据审核无误的记账凭证登记日记账、总账和明细账。

3. 编制科目汇总表和试算平衡表。

4. 编制会计报表：资产负债表和利润表。

5. 编制报表附注。

 **实训方法**

线下实操训练。

实训要求

1. 掌握记账凭证的填制和审核方法。
2. 掌握日记账、总账和明细账的登记方法。
3. 掌握科目汇总表和试算平衡表的编制方法。
4. 掌握资产负债表和利润表的编制方法。
5. 掌握报表附注的编制方法。

天津盛丰机械制造有限公司会计核算业务

一、公司基础信息

(1) 公司名称：天津盛丰机械制造有限公司。
(2) 性质：有限责任公司。
(3) 纳税人识别号：91120110MA05NNBR30。
(4) 地址及电话。地址：天津市东丽区街津北路小东庄村；电话：022－24991050。
(5) 开户行及账号。开户行：工行天津张贵庄支行；账号：0312011065884726892。
(6) 法人代表：李桂明。
(7) 注册资金：2 200 000 元。
(8) 经营范围：机械设备零部件加工，切割机制造，粉粹机制造，设备安装、调试、修理，钢结构制造、安装，钢材、五金交电批发及零售。
(9) 组织机构如图 8-1 所示。

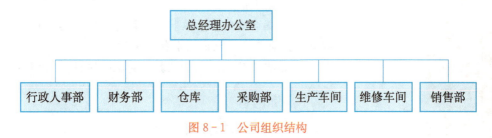

图 8-1　公司组织结构

(10) 公司部门人员如表 8-1 所示。

表8-1　公司部门人员

部门	人数	主要人员	职务
总经理办公室	1	李桂明	总经理
行政人事部	2	朱卫	主任
		高佳丽	行政
财务部	3	陈磊	会计主管
		陈丽娟	会计
		唐钢	出纳
仓库	1	魏强	管理员
采购部	1	梁坤	采购员
生产车间	9	马力	车间主任
		高飞	工人
		李军	工人
		王一鸣	工人
		张彦	工人
		曾健	工人
		李默	工人
		黄金	工人
		薛琦	工人
维修车间	1	毛易	维修工
销售部	1	韩磊	销售员

（11）生产组织与工艺流程：公司下设一个基本生产车间（加工车间），一个辅助生产车间（维修车间）；加工车间单步骤大量生产切割机、粉碎机两种产品。

（12）公司供应商信息如表8-2所示。

表8-2　公司供应商信息

供应商名称	税号	类型	纳税人类型
天津华贸修理修配股份有限公司	91120102300496402G	有限责任公司	一般纳税人
天津振华公用工程有限公司	91120220202180167X	有限责任公司	一般纳税人
天津航天信息有限公司	91120116722960601Q	有限责任公司	一般纳税人
天津岛津液压系统有限公司	91120116322178896 2	有限责任公司	一般纳税人
天津天使文化用品商贸有限公司	91120106773000000H	有限责任公司	一般纳税人
天津传美广告有限公司	91120222CM05KKFL05	有限责任公司	一般纳税人
天津如约物流有限公司	91120117523698752T	有限责任公司	一般纳税人
天津吕野包装材料有限公司	91120116681848595H	有限责任公司	一般纳税人
天津特达国际贸易有限公司	91120116530333904B	有限责任公司	一般纳税人
天津迅捷包装设备有限公司	91120113679946489M	有限责任公司	一般纳税人

（13）公司客户信息如表8-3所示。

表8-3　公司客户信息

客户名称	税号	类型	纳税人类型
北京环球铸造有限公司	91110161021644384	有限责任公司	一般纳税人
天津环宇精密铸造有限公司	91120221581314465T	有限责任公司	一般纳税人
天津长瑞华通科技发展有限公司	91120104754855656	有限责任公司	一般纳税人
天津枣强玻璃钢厂	91120112038669224	有限责任公司	一般纳税人
天津泰迪慕机械制造有限公司	911202227354388524	有限责任公司	一般纳税人

二、公司财务会计制度的有关规定

（一）会计工作组织及账务处理程序

公司会计工作采用集中核算形式，账务处理采用科目汇总表账务处理程序。

（二）流动资产核算部分

（1）公司会计核算以人民币为记账本位币。

（2）公司库存现金限额为5 000元。

（3）公司按应收账款余额的5‰计提坏账准备，对其他应收款不计提坏账准备。

（4）原材料中原料及主料的日常收发按实际成本计价核算。

（5）产成品的收发按实际成本计价核算。本月发出产成品的实际单位成本按月末一次加权平均法计算。

（三）固定资产核算部分

固定资产折旧计提采用平均年限法。房屋建筑物类月折旧率为0.2%，机器设备类月折旧率为0.5%。

（四）产品成本核算部分

（1）公司成本核算采用一级成本核算形式，产品成本计算采用品种法。

（2）生产不同产品共同耗用同一种材料时，按定额耗用量比例分配。

（3）车间生产工人工资按产品生产工时比例在产品间进行分配。

（4）基本生产车间单独设账核算制造费用，按照产品生产工时比例分配。

（5）辅助生产费用采用直接分配法予以分配。

（6）月末在产品成本采用约当产量法计算，完工程度均为50%，产品所耗原材料均为开工时一次投入。

（7）无形资产使用年限为10年，按月平均摊销。

（五）社会保险和公积金计提比例

社会保险和公积金计提比例如表8-4所示。

表 8-4　社会保险和公积金计提比例

项目	公司缴纳比例	个人缴纳比例
养老保险	16%	8%
失业保险	0.5%	0.5%
医疗保险	10%	2%
工伤保险	0.2%	0
生育保险	0.5%	0
住房公积金	11%	11%

注：社会保险改革相关文件请参照《国务院办公厅关于全面推进生育保险和职工基本医疗保险合并实施的意见》（国办发〔2019〕10号）。

（六）税金及附加核算部分

1. 增值税

公司为增值税一般纳税人，税率为 13%。

2. 企业所得税

公司满足财税〔2019〕13号文件规定的条件，即小型微利企业年应纳税所得额不超过100万元的部分，减按25%计入应纳税所得额，按20%的税率缴纳企业所得税。

3. 个人所得税

公司职工应负担的个人所得税由公司代扣代缴。

4. 税金及附加

租赁合同的印花税按租金的0.1%计算，购销合同的印花税按合同核定比例及征收率0.03%征收。印花税记入"税金及附加"科目，营业账簿按实收资本与资本公积的合计金额的0.025%贴花，其他账簿不再贴花。

城市维护建设税按流转税额的7%计算；教育费附加按流转税额的3%计算；地方教育费附加按流转税额的2%计算。

（七）利润及利润分配核算部分

公司董事会决议通过的20××年利润分配方案为：

（1）年末按净利润的10%提取法定盈余公积。

（2）年末按净利润的10%提取任意盈余公积。

三、公司基础资料

20××年12月1日的期初余额及相关资料如下：

（1）有关总分类账及其明细分类账的期初余额如表8-5所示。

表 8-5　总分类账及其明细分类账期初余额表　　　　　　　单位：元

总账账户	二级账户	明细账户	余额方向	期初余额
库存现金			借	5 000.00
银行存款			借	2 611 730.33
其他货币资金			借	82 830.00

续表

总账账户	二级账户	明细账户	余额方向	期初余额
		存出投资款	借	82 830.00
交易性金融资产			借	8 000.00
		债券投资	借	8 000.00
应收票据			借	60 000.00
		北京环球铸造有限公司公司	借	50 000.00
		天津环宇精密铸造有限公司	借	10 000.00
应收账款			借	494 064.00
		天津长瑞华通科技发展有限公司	借	80 000.00
		天津枣强玻璃钢厂	借	2 000.00
		天津泰迪慕机械制造有限公司	借	412 064.00
其他应收款			借	13 878.68
		五险一金	借	13 878.68
预付账款			借	40 000.00
		天津航天信息有限公司	借	40 000.00
原材料			借	57 000.00
	原料及主料		借	57 000.00
		牵引杆	借	40 000.00
		钢管	借	17 000.00
周转材料			借	9 490.00
	包装物	编织袋	借	3 740.00
	低值易耗品		借	5 750.00
库存商品			借	118 500.00
		切割机	借	85 000.00
		粉碎机	借	33 500.00
生产成本			借	102 628.00
基本生产成本		切割机	借	72 509.00
基本生产成本		粉碎机	借	30 119.00
长期股权投资			借	150 000.00
	其他股权投资		借	150 000.00
		天津市瑞丰融资管理有限公司	借	150 000.00
固定资产			借	6 240 000.00
累计折旧			贷	1 220 000.00
在建工程			借	400 000.00

续表

总账账户	二级账户	明细账户	余额方向	期初余额
		厂房扩建工程	借	400 000.00
无形资产			借	600 000.00
		专利权	借	600 000.00
短期借款			贷	80 000.00
应付票据			贷	40 000.00
		天津航天信息有限公司	贷	40 000.00
应付账款			贷	50 000.00
		天津华贸修理修配股份有限公司	贷	30 000.00
		天津岛津液压系统有限公司	贷	20 000.00
应付职工薪酬			贷	118 428.07
应交税费			贷	30 324.80
		未交增值税	贷	20 200.00
		应交城建税	贷	1 400.00
		应交教育费附加	贷	600.00
		应交地方教育费附加	贷	400.00
		应交印花税	贷	210.00
		应交所得税	贷	6 942.87
		应交个人所得税	贷	571.93
其他应付款			贷	271 672.00
		存入保证金	贷	271 672.00
长期借款			贷	2 500 000.00
		技术改造借款	贷	2 000 000.00
		厂房扩建借款	贷	500 000.00
长期应付款			贷	200 000.00
未确认融资费用			借	9 530.00
实收资本			贷	4 690 000.00
资本公积			贷	152 339.00
盈余公积			贷	740 000.00
		法定盈余公积	贷	540 000.00
		任意盈余公积	贷	200 000.00
本年利润			贷	804 000.00
利润分配			贷	105 887.14
		未分配利润	贷	105 887.14

（2）"原材料——原料及主料"账户期初余额明细资料如表8-6所示。

表8-6 "原材料——原料及主料"账户期初余额表　　　　　金额单位：元

名称	编号	计量单位	数量	单价	金额
牵引杆	L01	吨	8	5 000	40 000
钢管	L02	吨	42.5	400	17 000
合计					57 000

（3）"库存商品"账户期初余额明细资料如表8-7所示。

表8-7 "库存商品"账户期初余额表　　　　　金额单位：元

名称	编号	计量单位	数量	单价	金额
切割机	C01	台	10	8 500	85 000
粉碎机	C02	台	5	6 700	33 500
合计					118 500

（4）"固定资产"账户期初余额明细资料如表8-8所示。

表8-8 "固定资产"账户期初余额表　　　　　单位：元

使用部门	固定资产月初原值		合计
	房屋建筑物	机器设备	
生产车间	800 000	4 000 000	4 800 000
维修车间	50 000	10 000	60 000
管理部门	1 000 000	220 000	1 220 000
销售部	100 000	10 000	110 000
仓库	40 000	10 000	50 000
合计	1 990 000	4 250 000	6 240 000

（5）"生产成本——基本生产成本"账户期初余额明细资料如表8-9所示。

表8-9 "生产成本——基本生产成本"账户期初余额表　　　　　金额单位：元

产品名称	计量单位	数量	成本项目			合计
			直接材料	直接人工	制造费用	
切割机	台	10	58 776	7 920	5 813	72 509
粉碎机	台	6	20 819	5 380	3 920	30 119
						102 628

（6）本月产品生产情况如表8-10所示。

表8-10 本月产品生产情况表

产品名称	计量单位	期初在产品数量	本月投入数量	本月完工数量	月末在产品数量
切割机	台	10	20	24	6
粉碎机	台	6	10	12	4

（7）单位产品原材料消耗定额资料如表 8-11 所示。

表 8-11　单位产品原材料消耗定额表

产品名称	产品单位	消耗定额情况
切割机	台	牵引杆 1 吨，钢管 0.5 吨，编织袋 4 条
粉碎机	台	牵引杆 0.5 吨，钢管 1.5 吨，编织袋 4 条

（8）本月产品生产工时资料如表 8-12 所示。

表 8-12　本月产品总生产工时资料

产品名称	切割机	粉碎机
生产工时	5 000	3 000

（9）1—11 月利润资料如表 8-13 所示。

表 8-13　1~11 月利润资料　　　　单位：元

月份	利润	企业所得税
1—9 月	665 142.6	33 257.13
10—11 月	138 857.4	6 942.87

四、公司业务资料

20××年 12 月发生的经济业务如下：

（1）12 月 1 日，从天津振华公用工程有限公司购买钢管 18 吨，单价 400 元，以转账支票支付，材料已验收入库。

（2）12 月 1 日，申请开具银行本票，并以银行本票从天津航天信息有限公司购买牵引杆 30 吨，单价 5 000 元，材料在途。由于长期合作关系，对方给予 1 000 元的商业折扣。

（3）12 月 2 日，行政人事部从天津天使文化用品商贸有限公司购买本月办公用品，共计 220 元。

（4）12 月 3 日，用转账支票支付天津传美广告有限公司广告费 5 000 元。

（5）12 月 3 日，公司于 12 月 1 日所购牵引杆送达并验收入库，另以转账支票支付天津如约物流有限公司运费 1 090 元。

（6）12 月 4 日，从银行提取现金 3 000 元。

（7）12 月 4 日，采用电汇方式偿还所欠天津华贸修理修配股份有限公司货款 30 000 元。

（8）12 月 4 日，办公室朱卫出差预借差旅费 3 600 元。在编制记账凭证时，将金额记为 360 元，并据以登记现金日记账，当日发现错误并进行了更正。

（9）12 月 5 日，加工车间投产 8 台切割机和 4 台粉碎机，领用牵引杆 10 吨、钢管 10 吨。

（10）12 月 5 日，领用编织袋 48 条，共计 96 元。

（11）12 月 5 日，发放上月工资，缴纳上月的个人所得税。

（12）12月5日，缴纳上月增值税。

（13）12月5日，缴纳上月城建税、教育费附加、地方教育费附加。

（14）12月5日，缴纳上月印花税。

（15）12月5日，向北京环球铸造有限公司销售粉碎机产品5台，售价10 000元/台，金额50 000元，增值税税额6 500元，收到转账支票一张，存入银行。

（16）12月8日，从天津吕野包装材料有限公司购入编织袋400只。

（17）12月8日，将一张年利率为6‰的天津环宇精密铸造有限公司的无息商业承兑汇票10 000元向银行贴现，贴现天数为30天。

（18）12月8日，天津航天信息有限公司将牵引杆10吨发运到本公司（按合同约定，11月20日已预付40 000元货款），现该批材料已验收入库，余款已结清。另支付天津如约物流有限公司运费1 090元。

（19）12月9日，因质量与合同约定不符，北京环球铸造有限公司退回本月所购的粉碎机产品1台，已收货退款。

（20）12月9日，朱卫报销差旅费3 158元，已预借3 600，交回剩余款442元。

（21）12月9日，向天津特达国际贸易有限公司开出转账支票，购入需要安装的产品检测设备一台，价值100 000元。

（22）12月10日，车间投产12台切割机和6台粉碎机，领料牵引杆15吨、钢管15吨，领用编织袋72条，计144元。

（23）12月11日，开出一张20 000元无息银行汇票抵付前欠天津岛津液压系统有限公司的购货款。

（24）12月11日，从天津迅捷包装设备有限公司购入安装材料20 000元，用于安装检测设备。当日该设备安装完毕，交付使用。

（25）12月12日，收到天津环城商贸有限公司本月设备租金1 130元，将转账支票一张送存银行。

（26）12月13日，银行付款通知，本公司签发的应付天津航天信息有限公司的银行本票到期，到银行兑付。

（27）12月15日，向天津泰迪慕机械制造有限公司销售切割机产品8台，售价13 000元/台，收到转账支票一张，送存银行。

（28）12月17日，向天津长瑞华通科技发展有限公司销售粉碎机产品10台，售价10 000元/台，增值税税率13%，已办妥委托收款手续，但是尚未收到银行收款通知。

（29）12月17日，接到银行收款通知，天津长瑞华通科技发展有限公司的前欠货款80 000元已到账，银行已办妥收款入账手续。

（30）12月17日，从上海证券交易所购入天津华贸修理修配股份有限公司的股票6 000股并将其作为短期投资，每股2元，佣金30元。

（31）12月18日，根据合同约定，销售给天津泰迪慕机械制造有限公司切割机产品20台，售价13 000元/台，货款尚未结清。

（32）12月18日，应收北京环球铸造有限公司的银行承兑汇票50 000元到期，将该银行承兑汇票交银行办妥收款手续。

（33）12 月 18 日，管理部门购买 A4 打印纸 5 箱，价款共计 339 元，车间购买绘图纸 20 箱，价款共计 1 808 元，均以现金付清。

（34）12 月 20 日，公司购入一幢厂房，无须建造，产权已过户。合同约定的总价为 100 万元，分 3 年支付，第一年 12 月 20 日支付 50 万元，第二年 12 月 20 日支付 30 万元，第三年（即 20××年）12 月 20 日支付 20 万元。假定 3 年期银行年利率为 5%。

（35）12 月 22 日，接到银行通知，支付本月短期借款利息 672 元。

（36）12 月 23 日，向北京环球铸造有限公司出售钢管 10 吨，售价 420 元/吨，收到转账支票一张，已送存银行，并办妥托收手续，结转其销售成本 4 000 元。

（37）12 月 25 日，支付业务招待费 788 元、汽油费 750 元。

（38）12 月 28 日，与天津泰迪慕机械制造有限公司签订切割机产品订货合同。货物数量为 20 台，天津泰迪慕机械制造有限公司按合同约定，以转账支票预付了货款 300 000 元，公司出纳人员已到银行办理入账手续，但银行尚未进行入账处理。

（39）12 月 31 日，计提 12 月工资并分配工资费用。其中：生产车间生产工人工资 48 000 元（按本月生产总工时比例分配），生产车间管理人员工资 7 500 元，维修车间人员工资 4 600 元，销售部人员工资 8 000 元，管理部门人员工资 50 900 元。

（40）缴纳当月社保及公积金。

（41）计提当月个人所得税。

（42）12 月 31 日，分配并缴纳水费。其中：生产车间用水 3 000 吨，维修车间用水 200 吨，车间管理部门用水 100 吨，管理部门用水 600 吨，销售部用水 100 吨。水的价格为 2 元/吨。

（43）12 月 31 日，分配并缴纳电费。其中：生产车间生产产品耗电 10 000 度（按工时比例分配），维修车间耗电 1 000 度，生产车间管理耗电 1 000 度，管理部门耗电 2 100 度，销售部耗电 900 度。电的价格为 0.4 元/度。

（44）12 月 31 日，计提当月固定资产折旧。

（45）12 月 31 日，分配辅助生产成本。其中：维修车间为生产车间服务 300 小时，为管理部门服务 200 小时，为销售部服务 100 小时。

（46）12 月 31 日，分配结转当月制造费用。

（47）12 月 31 日，结转本月完工产品成本。

（48）12 月 31 日，对当月无形资产进行摊销。

（49）12 月 31 日，对天津泰迪慕机械制造有限公司的账款进行减值测试，公司按应收账款余额的 5‰计提坏账准备。

（50）12 月 31 日，财产清查中发现牵引杆盘亏 5 000 元。

（51）经查明，盘亏的牵引杆属于管理不善造成的丢失，属于一般经营损失。

（52）12 月 31 日，计提本月印花税。

（53）12 月 31 日，结转本月主营业务成本，同时将本月发生销售退回的成本一并结转。

（54）12 月 31 日，结转未交增值税。

（55）12 月 31 日，计提本月应缴纳的城市维护建设税、教育费附加、地方教育费附加。

(56) 12月31日，结转当月收入及利得、费用及损失。

(57) 12月31日，计算本月应交所得税。

(58) 将所得税费用转入"本年利润"账户。

(59) 12月31日，结转净利润。

(60) 12月31日，提取法定盈余公积。

(61) 12月31日，提取任意盈余公积。

(62) 12月31日，将"利润分配"账户的各明细账户余额转入"利润分配——未分配利润"明细分类账户。

五、年终决算资料

(1) 资产负债表有关项目的年初数如表8-14所示。

表8-14　资产负债表有关项目的年初数　　　　　　　　　　单位：元

资产项目	年初数	负债及所有者权益项目	年初数
货币资金	2 699 560.33	短期借款	80 000.00
交易性金融资产	8 000.00	应付票据	40 000.00
应收票据	60 000.00	应付账款	50 000.00
应收账款	494 064.00	应付职工薪酬	118 428.07
预付账款	40 000.00	预收账款	0
其他应收款	13 878.68	应交税费	30 324.80
存货	287 618.00	其他应付款	271 672.00
长期股权投资	150 000.00	长期借款	2 500 000.00
固定资产原价	6 240 000.00	长期应付款	190 470.00
减：累计折旧	1 220 000.00	实收资本	4 690 000.00
固定资产净值	5 020 000.00	资本公积	152 339.00
在建工程	400 000.00	盈余公积	740 000.00
无形资产	600 000.00	未分配利润	909 887.14
资产合计	9 773 121.01	负债及所有者权益总计	9 773 121.01

(2) 利润表有关项目的上年实际数与本年1—11月累计数如表8-15所示。

表8-15　利润表有关项目的上年实际数与本年1—11月累计数　　　　单位：元

项目	上年数	1—11月累计数
主营业务收入	4 630 000	5 000 000
主营业务成本	2 974 000	3 200 000
税金及附加	9 200	5 000
其他业务收入	17 800	18 200

续表

项目	上年数	1—11月累计数
销售费用	168 000	182 010
管理费用	362 000	391 230
财务费用	14 600	12 000
投资收益	60 600	52 040
营业外收入	1 500	2 000
营业外支出	81 000	82 000
所得税费用	382 700	396 000

六、实训要求

1. 根据以上经济业务的原始凭证或汇总原始凭证编制记账凭证。

2. 根据记账凭证序时逐笔登记相关日记账、明细账。

（1）根据记账凭证登记现金日记账和银行存款日记账。

（2）编制银行存款余额调节表，如表 8 – 16 所示。

表 8 – 16　银行存款余额调节表　　　　　　　　　　　　单位：元

项目	金额	项目	金额
企业账面余额	2 522 075.61	银行账面余额	2 408 403.61
加：银行已收，企业未收		加：企业已收，银行未收	
减：银行已付，企业未付		减：企业已付，银行未付	
调节后的企业账面余额		调节后的银行账面余额	

（3）根据记账凭证和有关原始凭证逐笔登记各明细分类账。

3. 根据记账凭证编制科目汇总表。

（1）根据已填制的记账凭证（会计分录）编制各科目的丁字账。

（2）根据丁字账编制科目汇总表。

4. 根据科目汇总表登记总账。

5. 编制余额试算平衡表。

将总账与日记账进行核对，总账与所属明细账进行核对，做到账账相符，在此基础上进行结账，并根据总账的记录编制余额试算平衡表，作为编制会计报表的依据之一。

6. 根据上述总账及相关资料编制资产负债表、利润表及附注。

参考文献

［1］中国人民共和国财政部．企业会计准则．上海：立信会计出版社，2018．

［2］企业会计准则编审委员会．企业会计准则案例讲解．上海：立信会计出版社，2018．

［3］财政部会计资格评价中心．初级会计实务．北京：经济科学出版社，2018．

［4］蒋泽生．基础会计模拟实训．5版．北京：中国人民大学出版社，2019．

［5］陈宗智．初级会计岗位业务指导手册．北京：人民邮电出版社，2016．

［6］陈金翠．会计岗位操作大全．北京：中国铁道出版社，2016．

附录　初级会计实务技能综合训练参考答案

一、会计分录

(1) 借：原材料——钢管　　　　　　　　　　　　　　　　7 200
　　　　应交税费——应交增值税（进项税额）　　　　　936
　　　　贷：银行存款　　　　　　　　　　　　　　　　　　　　8 136
(2) 借：其他货币资金——银行本票　　　　　　　　　168 370
　　　　贷：银行存款　　　　　　　　　　　　　　　　　　　168 370
　　　借：在途物资——牵引杆　　　　　　　　　　　　149 000
　　　　应交税费——应交增值税（进项税额）　　　　19 370
　　　　贷：其他货币资金——银行本票　　　　　　　　　168 370
(3) 借：管理费用——办公费　　　　　　　　　　　　　　220
　　　　贷：库存现金　　　　　　　　　　　　　　　　　　　　220
(4) 借：销售费用——广告费　　　　　　　　　　　　　5 000
　　　　贷：银行存款　　　　　　　　　　　　　　　　　　　5 000
(5) 借：原材料——牵引杆　　　　　　　　　　　　　150 000
　　　　应交税费——应交增值税（进项税额）　　　　　90
　　　　贷：在途物资——牵引杆　　　　　　　　　　　　149 000
　　　　　　银行存款　　　　　　　　　　　　　　　　　　1 090
(6) 借：库存现金　　　　　　　　　　　　　　　　　　3 000
　　　　贷：银行存款　　　　　　　　　　　　　　　　　　　3 000
(7) 借：应付账款——天津华贸修理修配股份有限公司　30 000
　　　　贷：银行存款　　　　　　　　　　　　　　　　　　　30 000
(8) 借：其他应收款——朱卫　　　　　　　　　　　　　　360
　　　　贷：库存现金　　　　　　　　　　　　　　　　　　　　360
　　　借：其他应收款——朱卫　　　　　　　　　　　　3 240
　　　　贷：库存现金　　　　　　　　　　　　　　　　　　　3 240
(9) 借：生产成本——基本生产成本——切割机　　　　40 000
　　　　　　　　　——基本生产成本——粉碎机　　　　10 000
　　　　贷：原材料——牵引杆　　　　　　　　　　　　　50 000
　　　借：生产成本——基本生产成本——切割机　　　　1 600
　　　　　　　　　——基本生产成本——粉碎机　　　　2 400

```
          贷：原材料——钢管                                    4 000
(10) 借：销售费用——领用材料                               96
     贷：周转材料——编织袋                                      96
(11) 借：应付职工薪酬——工资                          118 428.07
     贷：其他应收款——五险一金                            13 878.68
        银行存款                                       104 549.39
     借：应交税费——应交个税                              571.93
     贷：银行存款                                           571.93
(12) 借：应交税费——未交增值税                            20 200
     贷：银行存款                                          20 200
(13) 借：应交税费——应交城建税                            1 400
            ——应交教育费附加                           600
            ——应交地方教育费附加                       400
     贷：银行存款                                           2 400
(14) 借：应交税费——应交印花税                              210
     贷：银行存款                                             210
(15) 借：银行存款                                       56 500
     贷：主营业务收入——粉碎机                            50 000
        应交税费——应交增值税（销项税额）               6 500
(16) 借：周转材料——编织袋                                 800
        应交税费——应交增值税（进项税额）                104
     贷：银行存款                                             904
(17) 借：银行存款                                        9 950
        财务费用——贴现利息                                50
     贷：应收票据——天津环宇精密铸造有限公司             10 000
(18) 借：原材料——牵引杆                                50 000
        应交税费——应交增值税（进项税额）              6 460
     贷：预付账款——天津航天信息有限公司               56 460
     同时：
     借：预付账款                                       16 460
     贷：银行存款                                          16 460
(19) 借：主营业务收入——粉碎机                          10 000
        应交税费——应交增值税（销项税额）              1 300
     贷：银行存款                                          11 300
(20) 借：管理费用——差旅费                             3 076.42
        应交税费——应交增值税（进项税额）                81.58
        库存现金                                           442
     贷：其他应收款——朱卫                                 3 600
```

(21) 借：在建工程——产品检测设备	100 000	
应交税费——应交增值税（进项税额）	13 000	
贷：银行存款		113 000
(22) 借：生产成本——基本生产成本——切割机	60 000	
——基本生产成本——粉碎机	15 000	
贷：原材料——牵引杆		75 000
借：生产成本——基本生产成本——切割机	4 800	
——基本生产成本——粉碎机	1 200	
贷：原材料——钢管		6 000
借：销售费用	144	
贷：周转材料——编织袋		144
(23) 借：其他货币资金——银行汇票	20 000	
贷：银行存款		20 000
借：应付账款——天津岛津液压系统有限公司	20 000	
贷：其他货币资金——银行汇票		20 000
(24) 借：在建工程——产品检测设备	20 000	
应交税费——应交增值税（进项税额）	2 600	
贷：银行存款		22 600
借：固定资产	120 000	
贷：在建工程——产品检测设备		120 000
(25) 借：银行存款	1 130	
贷：其他业务收入——租金		1 000
应交税费——应交增值税（销项税额）		130
(26) 借：应付票据——天津航天信息有限公司	40 000	
贷：银行存款		40 000
(27) 借：银行存款	117 520	
贷：主营业务收入——切割机		104 000
应交税费——应交增值税（销项税额）		13 520
(28) 借：银行存款	113 000	
贷：主营业务收入——粉碎机		100 000
应交税费——应交增值税（销项税额）		13 000
(29) 借：银行存款	80 000	
贷：应收账款——天津长瑞华通科技发展有限公司		80 000
(30) 借：交易性金融资产——成本	12 000	
投资收益	30	
贷：其他货币资金——证券投资款		12 030
(31) 借：应收账款——天津泰迪慕机械制造有限公司	293 800	
贷：主营业务收入——切割机		260 000

	应交税费——应交增值税（销项税额）	33 800
（32）借：银行存款		50 000
贷：应收票据——北京环球铸造有限公司		50 000
（33）借：管理费用——办公用品		300
制造费用——办公用品		1 600
应交税费——应交增值税（进项税额）		247
贷：库存现金		2 147
（34）借：长期应付款——分期付款购入资产		200 000
贷：银行存款		200 000
借：财务费用——未确认融资费用摊销		9 530
贷：未确认融资费用——分期付款购入资产		9 530
（35）借：财务费用——利息支出		672
贷：银行存款		672
（36）借：银行存款		4 746
贷：其他业务收入——钢管		4 200
应交税费——应交增值税（销项税额）		546
同时：		
借：其他业务成本——钢管		4 000
贷：原材料——钢管		4 000
（37）借：管理费用——业务招待费		788
——交通费		750
贷：库存现金		1 538
（38）借：银行存款		300 000
贷：预收账款——天津泰迪慕机械制造有限公司		300 000
（39）借：生产成本——基本生产成本——切割机		30 000
——基本生产成本——粉碎机		18 000
——辅助生产成本——维修车间		4 600
制造费用——工资		7 500
销售费用——工资		8 000
管理费用——工资		50 900
贷：应付职工薪酬——工资		119 000
（40）借：生产成本——基本生产成本——切割机		6 425.20
——基本生产成本——粉碎机		3 855.12
——辅助生产成本——维修车间		1 285.04
制造费用——社保		1 285.04
销售费用——社保		1 285.04
管理费用——社保		10 523.28
其他应收款		13 878.68

　　　　贷：应付职工薪酬——五险一金　　　　　　　　　　　　　38 537.40

　　　借：应付职工薪酬——五险一金　　　　　　　　　38 537.40

　　　　贷：银行存款——公积金管理中心　　　　　　　　　　　　14 201.44

　　　　　　　　——社保管理中心　　　　　　　　　　　　　　　24 335.96

（41）借：应付职工薪酬——个人所得税　　　　　　　571.93

　　　　贷：应交税费——应交个人所得税　　　　　　　　　　　　571.93

（42）借：生产成本——基本生产成本——切割机　　　3 750

　　　　　　——基本生产成本——粉碎机　　　　　　2 250

　　　　　　——辅助生产成本——维修车间　　　　　　400

　　　　制造费用——水费　　　　　　　　　　　　　　200

　　　　管理费用——水费　　　　　　　　　　　　　1 200

　　　　销售费用——水费　　　　　　　　　　　　　　200

　　　　应交税费——应交增值税（进项税额）　　　　　720

　　　　贷：银行存款　　　　　　　　　　　　　　　　　　　　　8 720

（43）借：生产成本——基本生产成本——切割机　　　2 500

　　　　　　——基本生产成本——粉碎机　　　　　　1 500

　　　　　　——辅助生产成本——维修车间　　　　　　400

　　　　制造费用——电费　　　　　　　　　　　　　　400

　　　　管理费用——电费　　　　　　　　　　　　　　840

　　　　销售费用——电费　　　　　　　　　　　　　　360

　　　　应交税费——应交增值税（进项税额）　　　　　780

　　　　贷：银行存款　　　　　　　　　　　　　　　　　　　　　6 780

（44）借：制造费用——折旧费　　　　　　　　　　　21 600

　　　　生产成本——辅助生产成本——维修车间　　　　150

　　　　管理费用——折旧费　　　　　　　　　　　　3 230

　　　　销售费用——折旧费　　　　　　　　　　　　　250

　　　　贷：累计折旧　　　　　　　　　　　　　　　　　　　　　25 230

（45）借：制造费用——维修费　　　　　　　　　　　3 417

　　　　管理费用——维修费　　　　　　　　　　　　2 278

　　　　销售费用　　　　　　　　　　　　　　　　1 140.04

　　　　贷：生产成本——辅助生产成本——维修车间　　　　　　　6 835.04

（46）借：生产成本——基本生产成本——切割机　　　22 500

　　　　　　——基本生产成本——粉碎机　　　　　13 502.04

　　　　贷：制造费用——办公用品　　　　　　　　　　　　　　　1 600

　　　　　　　——工资　　　　　　　　　　　　　　　　　　　7 500

　　　　　　　——社保　　　　　　　　　　　　　　　　　　1 285.04

　　　　　　　——水费　　　　　　　　　　　　　　　　　　　 200

　　　　　　　——电费　　　　　　　　　　　　　　　　　　　 400

	——折旧费	21 600
	——维修费	3 417
(47)	借：库存商品——切割机	202 281.6
	贷：生产成本——基本生产成本——切割机	202 281.6
	借：库存商品——粉碎机	78 556.2
	贷：生产成本——基本生产成本——粉碎机	78 556.2
(48)	借：管理费用——无形资产摊销	5 000
	贷：累计摊销——无形资产摊销	5 000
(49)	借：信用减值损失——计提坏账准备	3 529.32
	贷：坏账准备	3 529.32
(50)	借：待处理财产损溢——待处理流动资产损溢	5 650
	贷：原材料——牵引杆	5 000
	应交税费——应交增值税（进项税额转出）	650
(51)	借：管理费用——其他	5 650
	贷：待处理财产损溢——待处理流动资产损溢	5 650
(52)	借：税金及附加	183.95
	贷：应交税费——应交印花税	183.95
(53)	借：主营业务成本	327 644.1
	贷：库存商品——切割机	235 995.2
	——粉碎机	91 648.9
	借：库存商品——粉碎机	6 546.35
	贷：主营业务成本	6 546.35
(54)	借：应交税费——应交增值税（转出未交增值税）	22 457.42
	贷：应交税费——未交增值税	22 457.42
(55)	借：税金及附加	2 694.89
	贷：应交税费——应交城建税	1 572.02
	——应交教育费附加	673.72
	——应交地方教育费附加	449.15
(56)	借：主营业务收入	504 000
	其他业务收入	5 200
	贷：本年利润	509 170
	投资收益	30
	借：本年利润	442 988.69
	贷：主营业务成本	321 097.75
	其他业务成本	4 000
	税金及附加	2 878.84
	销售费用	16 475.08
	管理费用	84 755.7

	财务费用		10 252
	信用减值损失——计提坏账准备		3 529.32
(57) 借：所得税费用			3 309.07
贷：应交税费——应交所得税			3 309.07
(58) 借：本年利润			3 309.07
贷：所得税费用			3 309.07
(59) 借：本年利润			826 672.24
贷：利润分配——未分配利润			826 672.24
(60) 借：利润分配——提取法定盈余公积			82 667.22
贷：盈余公积——法定盈余公积			82 667.22
(61) 借：利润分配——提取任意盈余公积			82 667.22
贷：盈余公积——任意盈余公积			82 667.22
(62) 借：利润分配——未分配利润			165 334.44
贷：利润分配——提取法定盈余公积			82 667.22
——提取任意盈余公积			82 667.22

二、登记总账（用丁字账代替）

库存现金

期初余额	5 000.00		
(6)	3 000.00	220.00	(3)
(20)	442.00	360.00	(8)
		3 240.00	(8)
		2 147.00	(33)
		1 538.00	(37)
本期借方发生额：		本期贷方发生额：	
	3 442.00	7 505.00	
期末余额	937.00		

银行存款

期初余额	2 611 730.33		
(15)	56 500.00	8 136.00	(1)
(17)	9 950.00	168 370.00	(2)
(25)	1 130.00	5 000.00	(4)
(27)	117 520.00	1 090.00	(5)
(28)	113 000.00	3 000.00	(6)
(29)	80 000.00	30 000.00	(7)
(32)	50 000.00	104 549.39	(11)
(36)	4 746.00	571.93	(11)
(38)	300 000.00	20 200.00	(12)

		2 400.00	(13)
		210.00	(14)
		904.00	(16)
		16 460.00	(18)
		11 300.00	(19)
		113 000.00	(21)
		20 000.00	(23)
		22 600.00	(24)
		40 000.00	(26)
		200 000.00	(34)
		672.00	(35)
		14 201.44	(40)
		24 335.96	(40)
		8 720.00	(42)
		6 780.00	(43)
	本期借方发生额： 732 846.00	本期贷方发生额： 822 500.72	
期末余额	2 522 075.61		

其他货币资金

期初余额	82 830.00		
(2)	168 370.00	168 370.00	(2)
(23)	20 000.00	20 000.00	(23)
		12 030.00	(30)
	本期借方发生额： 188 370.00	本期贷方发生额： 200 400.00	
期末余额	70 800.00		

交易性金融资产

期初余额	8 000.00		
(30)	12 000.00		
	本期借方发生额： 12 000.00	本期贷方发生额： —	
期末余额	20 000.00		

应收票据

期初余额	60 000.00		
		10 000.00	(17)
		50 000.00	(32)
	本期借方发生额：	本期贷方发生额： 60 000.00	

应收账款

期初余额	494 064.00		
(31)	293 800.00	80 000.00	(29)
	本期借方发生额：	本期贷方发生额：	
	293 800.00	80 000.00	
期末余额	707 864.00		

预付账款

期初余额	40 000.00		
	16 460.00	56 460.00	(18)
	本期借方发生额：	本期贷方发生额：	
	16 460.00	56 460.00	

坏账准备

		3 529.32	(49)
期末余额		3 529.32	

其他应收款

期初余额	13 878.68		
(8)	360.00	13 878.68	(11)
(8)	3 240.00	3 600.00	(20)
(40)	13 878.68		
	本期借方发生额：	本期贷方发生额：	
	17 478.68	17 478.68	
期末余额	13 878.68		

在途物资

(2)	149 000.00		
		149 000.00	(5)
	本期借方发生额：	本期贷方发生额：	
	149 000.00	149 000.00	

原材料

期初余额	57 000.00		
(1)	7 200.00	4 000.00	(9)
(5)	150 000.00	50 000.00	(9)
(18)	50 000.00	75 000.00	(22)
		6 000.00	(22)
		4 000.00	(36)
		5 000.00	(50)

	本期借方发生额：	本期贷方发生额：
	207 200.00	144 000.00
期末余额	120 200.00	

库存商品

期初余额	118 500.00		
(47)	202 281.60	235 995.20	(53)
(47)	78 556.20	91 648.90	(53)
(53)	6 546.35		
	本期借方发生额：	本期贷方发生额：	
	287 384.15	327 644.10	
期末余额	78 240.05		

周转材料

期初余额	9 490.00		
(16)	800.00	96.00	(10)
		144.00	(22)
	本期借方发生额：	本期贷方发生额：	
	800.00	240.00	
期末余额	10 050.00		

长期股权投资

期初余额	150 000.00	
	本期借方发生额：	本期贷方发生额：
	—	—
期末余额	150 000.00	

固定资产

期初余额	6 240 000.00	
(24)	120 000.00	
	本期借方发生额：	本期贷方发生额：
	120 000.00	—
期末余额	6 360 000.00	

在建工程

期初余额	400 000.00		
（21）	100 000.00	120 000.00	（24）
（24）	20 000.00		
本期借方发生额：		本期贷方发生额：	
	120 000.00	120 000.00	
期末余额	400 000.00		

待处理财产损溢

（50）	5 650.00		
		5 650.00	（51）
本期借方发生额：		本期贷方发生额：	
	5 650.00	5 650.00	

应付票据

期初余额		40 000.00	
（26）	40 000.00		
本期借方发生额：		本期贷方发生额：	
	40 000.00	—	

应付账款

期初余额		50 000.00	
（7）	30 000.00		
（23）	20 000.00		
本期借方发生额：		本期贷方发生额：	
	50 000.00	—	

预收账款

	—	300 000.00	（38）
期末余额		300 000.00	

累计折旧

期初余额		1 220 000	
		25 230.00	（44）
本期借方发生额：		本期贷方发生额：	
	—	25 230.00	
期末余额		1 245 230.00	

应付职工薪酬

期初余额		118 428.07	
(11)	118 428.07	119 000.00	(39)
(40)	38 537.40	38 537.40	(40)
(41)	571.93		
	本期借方发生额:	本期贷方发生额:	
	157 537.40	157 537.40	
期末余额		118 428.07	

无形资产

期初余额	600 000.00		
	本期借方发生额:	本期贷方发生额:	
	—	—	
期末余额	600 000.00		

应交税费

		30 324.80	期初余额
(1)	936.00	6 500.00	(15)
(2)	19 370.00	130.00	(25)
(5)	90.00	13 520.00	(27)
(11)	571.93	13 000.00	(28)
(12)	20 200.00	33 800.00	(31)
(13)	1 400.00	546.00	(36)
(13)	600.00	571.93	(41)
(13)	400.00	650.00	(50)
(14)	210.00	183.95	(52)
(16)	104.00	22 457.42	(54)
(18)	6 460.00	1 572.02	(55)
(19)	1 300.00	673.72	(55)
(20)	81.58	449.15	(55)
(21)	13 000.00	3 309.07	(57)
(24)	2 600.00		
(33)	247.00		
(42)	720.00		
(43)	780.00		
(54)	22 457.42		
	本期借方发生额:	本期贷方发生额:	
	91 527.93	97 363.26	
期末余额		36 160.13	

其他应付款

期初余额		271 672.00
	本期借方发生额：	本期贷方发生额：
	—	—
期末余额		271 672.00

累计摊销

	—	5 000.00	(48)
期末余额		5 000.00	

长期借款

期初余额		2 500 000.00
	本期借方发生额：	本期贷方发生额：
	—	—
期末余额		2 500 000.00

短期借款

期初余额		80 000.00
	本期借方发生额：	本期贷方发生额：
	—	—
期末余额		80 000.00

长期应付款

期初余额		200 000.00
(34)	200 000.00	
	本期借方发生额：	本期贷方发生额：
	200 000.00	—

未确认融资费用

期初余额	9 530.00	
		9 530.00	(34)
	本期借方发生额：	本期贷方发生额：
	—	9 530.00

实收资本

期初余额		4 690 000.00
	本期借方发生额：	本期贷方发生额：
	—	—
期末余额		4 690 000.00

资本公积

期初余额		152 339.00	
本期借方发生额:		本期贷方发生额:	
—		—	
期末余额		152 339.00	

盈余公积

期初余额		740 000.00	
		82 667.22	(60)
		82 667.22	(61)
本期借方发生额:		本期贷方发生额:	
—		165 334.44	
期末余额		905 334.44	

本年利润

期初余额		804 000.00	
(56)	442 988.69	509 170.00	(56)
(58)	3 309.07		
(59)	826 672.24		
本期借方发生额:		本期贷方发生额:	
1 272 970.00		509 170.00	
期末余额		40 200.00	

利润分配

期初余额		105 887.14	
(60)	82 667.22	826 672.24	(59)
(61)	82 667.22	82 667.22	(62)
(62)	165 334.44	82 667.22	(62)
本期借方发生额:		本期贷方发生额:	
330 668.88		992 006.68	
期末余额		767 224.94	

生产成本

期初余额	102 628.00		
(9)	40 000	6 835.04	(45)
(9)	1 600	202 281.60	(47)
(9)	10 000		
(9)	2 400		
(22)	60 000	78 556.20	(47)
(22)	4 800		

(22)	15 000		
(22)	1 200		
(39)	30 000		
(39)	18 000		
(39)	4 600		
(40)	6 425.20		
(40)	3 855.12		
(40)	1 285.04		
(42)	3 750		
(42)	2 250		
(42)	400		
(43)	2 500		
(43)	1 500		
(43)	400		
(44)	150		
(46)	22 500		
(46)	13 502.04		
	本期借方发生额：	本期贷方发生额：	
	246 117.40	287 672.84	
期末余额	61 072.56		

制造费用

(33)	1 600.00	1 600.00	(46)
(39)	7 500.00	7 500.00	(46)
(40)	1 285.04	1 285.04	(46)
(42)	200.00	200.00	(46)
(43)	400.00	400.00	(46)
(44)	21 600.00	21 600.00	(46)
(45)	3 417.00	3 417.00	(46)
	本期借方发生额：	本期贷方发生额：	
	36 002.04	36 002.04	

主营业务收入

(19)	10 000.00	50 000.00	(15)
(56)	504 000.00	104 000.00	(27)
		100 000.00	(28)
		260 000.00	(31)
	本期借方发生额：	本期贷方发生额：	
	514 000.00	514 000.00	

其他业务收入

(56)	5 200.00	1 000.00	(25)
		4 200.00	(36)
	本期借方发生额：	本期贷方发生额：	
	5 200.00	5 200.00	

投资收益

(30)	30.00	30.00	(56)
	本期借方发生额：	本期贷方发生额：	
	30.00	30.00	

主营业务成本

(53)	327 644.10	6 546.35	(53)
		321 097.75	(56)
	本期借方发生额：	本期贷方发生额：	
	327 644.10	327 644.10	

其他业务成本

(36)	4 000.00	4 000.00	(56)
	本期借方发生额：	本期贷方发生额：	
	4 000.00	4 000.00	

税金及附加

(52)	183.95	2 878.84	(56)
(55)	2 694.89		
	本期借方发生额：	本期贷方发生额：	
	2 878.84	2 878.84	

销售费用

(4)	5 000.00	16 475.08	(56)
(10)	96.00		
(22)	144.00		
(39)	8 000.00		
(40)	1 285.04		
(42)	200.00		
(43)	360.00		
(44)	250.00		
(45)	1 140.04		
	本期借方发生额：	本期贷方发生额：	
	16 475.08	16 475.08	

管理费用

	借方	贷方	
(3)	220.00	84 755.70	(56)
(20)	3 076.42		
(33)	300.00		
(37)	788.00		
(37)	750.00		
(39)	50 900.00		
(40)	10 523.28		
(42)	1 200.00		
(43)	840.00		
(44)	3 230.00		
(45)	2 278.00		
(48)	5 000.00		
(51)	5 650.00		
	本期借方发生额： 84 755.70	本期贷方发生额： 84 755.70	

财务费用

	借方	贷方	
(17)	50.00	10 252.00	(56)
(34)	9 530.00		
(35)	672.00		
	本期借方发生额： 10 252.00	本期贷方发生额： 10 252.00	

信用减值损失

	借方	贷方	
(49)	3 529.32	3 529.32	(56)
	本期借方发生额： 3 529.32	本期贷方发生额： 3 529.32	

所得税费用

	借方	贷方	
(57)	3 309.07	3 309.07	(58)
	本期借方发生额： 3 309.07	本期贷方发生额： 3 309.07	

三、编制银行存款余额调节表

银行存款余额调节表

单位：元

项目	金额	项目	金额
企业账面余额	2 522 075.61	银行账面余额	2 408 403.61
加：银行已收，企业未收	0	加：企业已收，银行未收	113 000
减：银行已付，企业未付	672	减：企业已付，银行未付	0
调节后的企业账面余额	2 521 403.61	调节后的银行账面余额	2 521 403.61

四、编制科目汇总表

科目汇总表

编制单位：天津盛丰机械制造有限公司　　20××年12月　　　　　　单位：元

科目编号	科目名称	本期发生	
		借方	贷方
1001	库存现金	3 442.00	7 505.00
1002	银行存款	732 846.00	822 500.72
1012	其他货币资金	188 370.00	200 400.00
1101	交易性金融资产	12 000.00	0.00
1121	应收票据	0.00	60 000.00
1122	应收账款	293 800.00	80 000.00
1123	预付账款	16 460.00	56 460.00
1221	其他应收款	17 478.68	17 478.68
1231	坏账准备	0.00	3 529.32
1402	在途物资	149 000.00	149 000.00
1403	原材料	207 200.00	144 000.00
1405	库存商品	287 384.15	327 644.10
1411	周转材料	800.00	240.00
1511	长期股权投资	0.00	0.00
1601	固定资产	120 000.00	0.00
1602	累计折旧	0.00	25 230.00
1604	在建工程	120 000.00	120 000.00
1701	无形资产	0.00	0.00
1702	累计摊销	0.00	5,000.00
1901	待处理财产损溢	5 650.00	5 650.00

续表

科目编号	科目名称	本期发生	
		借方	贷方
2001	短期借款	0.00	0.00
2201	应付票据	40 000.00	0.00
2202	应付账款	50 000.00	0.00
2203	预收账款	0.00	300 000.00
2211	应付职工薪酬	157 537.40	157 537.40
2221	应交税费	91 527.93	97 363.26
2241	其他应付款	0.00	0.00
2501	长期借款	0.00	0.00
2701	长期应付款	200 000.00	0.00
2702	未确认融资费用	0.00	9 530.00
4001	实收资本	0.00	0.00
4002	资本公积	0.00	0.00
4101	盈余公积	0.00	165 334.44
4103	本年利润	1 272 970.00	509 170.00
4104	利润分配	330 668.88	992 006.68
5001	生产成本	246 117.40	287 672.84
5101	制造费用	36 002.04	36 002.04
6001	主营业务收入	504 000.00	504 000.00
6051	其他业务收入	5 200.00	5 200.00
6111	投资收益	30.00	30.00
6401	主营业务成本	321 097.75	321 097.75
6402	其他业务成本	4 000.00	4 000.00
6403	税金及附加	2 878.84	2 878.84
6601	销售费用	16 475.08	16 475.08
6602	管理费用	84 755.70	84 755.70
6603	财务费用	10 252.00	10 252.00
6701	信用减值损失	3 529.32	3 529.32
6801	所得税费用	3 309.07	3 309.07
合计		5 534 782.24	5 534 782.24

五、编制试算平衡表

试算平衡表

编制单位：天津盛丰机械制造有限公司　　20××年12月31日　　　　　　　单位：元

科目编号	科目名称		期初余额	借方发生额	贷方发生额		期末余额
1001	库存现金	借	5 000.00	3 442.00	7 505.00	借	937.00
1002	银行存款	借	2 611 730.33	732 846.00	822 500.72	借	2 522 075.61
1012	其他货币资金	借	82 830.00	188 370.00	200 400.00	借	70 800.00
1101	交易性金融资产	借	8 000.00	12 000.00	0.00	借	20 000.00
1121	应收票据	借	60 000.00	0.00	60 000.00	平	0.00
1122	应收账款	借	494 064.00	293 800.00	80 000.00	借	707 864.00
1123	预付账款	借	40 000.00	16 460.00	56 460.00	平	0.00
1221	其他应收款	借	13 878.68	17 478.68	17 478.68	借	13 878.68
1231	坏账准备	平	0.00	0.00	3 529.32	贷	3 529.32
1402	在途物资	平	0.00	149 000.00	149 000.00	平	0.00
1403	原材料	借	57 000.00	207 200.00	144 000.00	借	120 200.00
1405	库存商品	借	118 500.00	287 384.15	327 644.10	借	78 240.05
1411	周转材料	借	9 490.00	800.00	240.00	借	10 050.00
1511	长期股权投资	借	150 000.00	0.00	0.00	借	150 000.00
1601	固定资产	借	6 240 000.00	120 000.00	0.00	借	6 360 000.00
1602	累计折旧	贷	1 220 000.00	0.00	25 230.00	贷	1 245 230.00
1604	在建工程	借	400 000.00	120 000.00	120 000.00	借	400 000.00
1701	无形资产	借	600 000.00	0.00	0.00	借	600 000.00
1702	累计摊销	平	0.00	0.00	5 000.00	贷	5 000.00
1901	待处理财产损溢	平	0.00	5 650.00	5 650.00	平	0.00
2001	短期借款	贷	80 000.00	0.00	0.00	贷	80 000.00
2201	应付票据	贷	40 000.00	40 000.00	0.00	平	0.00
2202	应付账款	贷	50 000.00	50 000.00	0.00	平	0.00
2203	预收账款	平	0.00	0.00	300 000.00	贷	300 000.00
2211	应付职工薪酬	贷	118 428.07	157 537.40	157 537.40	贷	118 428.07
2221	应交税费	贷	30 324.80	91 527.93	97 363.26	贷	36 160.13
2241	其他应付款	贷	271 672.00	0.00	0.00	贷	271 672.00
2501	长期借款	贷	2 500 000.00	0.00	0.00	贷	2 500 000.00
2701	长期应付款	贷	200 000.00	200 000.00	0.00	平	0.00
2702	未确认融资费用	借	9 530.00	0.00	9 530.00	平	0.00

续表

科目编号	科目名称		期初余额	借方发生额	贷方发生额		期末余额
4001	实收资本	贷	4 690 000.00	0.00	0.00	贷	4 690 000.00
4002	资本公积	贷	152 339.00	0.00	0.00	贷	152 339.00
4101	盈余公积	贷	740 000.00	0.00	165 334.44	贷	905 334.44
4103	本年利润	贷	804 000.00	1 272 970.00	509 170.00	贷	40 200.00
4104	利润分配	贷	105 887.14	330 668.88	992 006.68	贷	767 224.94
5001	生产成本	借	102 628.00	246 117.40	287 672.84	借	61 072.56
5101	制造费用	平	0.00	36 002.04	36 002.04	平	0.00
6001	主营业务收入	平	0.00	504 000.00	504 000.00	平	0.00
6051	其他业务收入	平	0.00	5 200.00	5 200.00	平	0.00
6111	投资收益	平	0.00	30.00	30.00	平	0.00
6401	主营业务成本	平	0.00	321 097.75	321 097.75	平	0.00
6402	其他业务成本	平	0.00	4 000.00	4 000.00	平	0.00
6403	税金及附加	平	0.00	2 878.84	2 878.84	平	0.00
6601	销售费用	平	0.00	16 475.08	16 475.08	平	0.00
6602	管理费用	平	0.00	84 755.70	84 755.70	平	0.00
6603	财务费用	平	0.00	10 252.00	10 252.00	平	0.00
6701	信用减值损失	平	0.00	3 529.32	3 529.32	平	0.00
6801	所得税费用	平	0.00	3 309.07	3 309.07	平	0.00
合计		借	11 002 651.01	5 534 782.24	5 534 782.24	借	11 115 117.90
		贷	11 002 651.01			贷	11 115 117.90

六、编制会计报表及附注

（1）资产负债表。

资产负债表

公司名称：天津盛丰机械制造有限公司　　日期：20××年12月31日

会企01表
单位：元

资产	期末余额	年初余额	负债及所有者权益 （或股东权益）	期末数	年初余额
流动资产：			流动负债：		
货币资金	2 593 812.61	2 699 560.33	短期借款	80 000.00	80 000.00
交易性金融资产	20 000.00	8 000.00	交易性金融负债	0.00	0.00
衍生金融资产	0.00	0.00	衍生金融负债	0.00	0.00
应收票据	0.00	60 000.00	应付票据	0.00	40 000.00
应收账款	704 334.68	494 064.00	应付账款	0.00	50 000.00

续表

资产	期末余额	年初余额	负债及所有者权益（或股东权益）	期末数	年初余额
预付款项	0.00	40 000.00	预收款项	300 000.00	0.00
其他应收款	13 878.68	13 878.68	应付职工薪酬	118 428.07	118 428.07
存货	269 562.61	287 618.00	应交税费	36 160.13	30 324.80
持有待售资产	0.00	0.00	其他应付款	271 672.00	271 672.00
一年内到期的非流动资产	0.00	0.00	持有待售负债	0.00	0.00
其他流动资产	0.00	0.00	一年内到期的非流动负债	0.00	0.00
流动资产合计	3 601 588.58	3 603 121.01	其他流动负债	0.00	0.00
非流动资产：			流动负债合计	806 260.20	590 424.87
债权投资	0.00	0.00	非流动负债：		
其他债权投资	0.00	0.00	长期借款	2 500 000.00	2 500 000.00
长期应收款	0.00	0.00	应付债券	0.00	0.00
长期股权投资	150 000.00	150 000.00	其中：优先股	0.00	0.00
投资性房地产	0.00	0.00	永续债	0.00	0.00
固定资产	5 114 770.00	5 020 000.00	长期应付款	0.00	190 470.00
在建工程	400 000.00	400 000.00	预计负债	0.00	0.00
生产性生物资产	0.00	0.00	递延收益	0.00	0.00
油气资产	0.00	0.00	递延所得税负债	0.00	0.00
无形资产	595 000.00	600 000.00	其他非流动负债	0.00	0.00
开发支出	0.00	0.00	非流动负债合计	2 500 000.00	2 690 470.00
商誉	0.00	0.00	负债合计	3 306 260.20	3 280 894.87
长期待摊费用	0.00	0.00	所有者权益（或股东权益）：		
递延所得税资产	0.00	0.00	实收资本（或股本）	4 690 000.00	4 690 000.00
其他非流动资产	0.00	0.00	其他权益工具	0.00	0.00
非流动资产合计	6 259 770.00	6 170 000.00	其中：优先股	0.00	0.00
			永续债	0.00	0.00
			资本公积	152 339.00	152 339.00
			减：库存股	0.00	0.00
			其他综合收益	0.00	0.00
			盈余公积	905 334.44	740 000.00
			未分配利润	807 424.94	909 887.14
			所有者权益（或股东权益）合计	6 555 098.38	6 492 226.14
资产总计	9 861 358.58	9 773 121.01	负债及所有者权益（或股东权益）总计	9 861 358.58	9 773 121.01

（2）利润表。

利润表

企业名称：天津盛丰机械制造有限公司　　　20××年12月　　　　　　　　单位：元

项目	本期金额	上期金额
一、营业收入	509 200.00	5 028 200.00
减：营业成本	325 097.75	3 200 500.00
税金及附加	2 878.84	6 000.00
销售费用	16 475.08	190 020.00
管理费用	84 755.70	391 849.00
研发费用		
财务费用	10 252.00	13 240.00
其中：利息费用		
利息收入		
加：其他收益		
投资收益（损失以"－"号填列）	−30.00	65 040.00
其中：对联营企业和合营企业的投资收益		
公允价值变动收益（损失以"－"号填列）	0.00	0.00
信用减值损失（损失以"－"号填列）	3 529.32	0.00
资产减值损失（损失以"－"号填列）	0.00	0.00
资产处置收益（损失以"－"号填列）	0.00	0.00
二、营业利润（亏损以"－"号填列）	66 181.31	1 291 631.00
加：营业外收入	0.00	2 900.00
减：营业外支出	0.00	83 060.00
三、利润总额（亏损总额以"－"号填列）	66 181.31	1 211 471.00
减：所得税费用	3 309.07	396 830.00
四、净利润（净亏损以"－"号填列）	62 872.24	814 641.00
（一）持续经营净利润（净亏损以"－"号填列）	0.00	0.00
（二）终止经营净利润（净亏损以"－"号填列）	0.00	0.00
五、其他综合收益的税后净额	62 872.24	814 641.00
（一）不能重分类进损益的其他综合收益	0.00	0.00
1. 重新计量设定受益计划变动额	0.00	0.00
2. 权益法下不能转损益的其他综合收益	0.00	0.00
……	0.00	0.00
（二）将重分类进损益的其他综合收益	0.00	0.00

续表

项目	本期金额	上期金额
1. 权益法下可转损益的其他综合收益	0.00	0.00
2. 其他债权投资公允价值变动	0.00	0.00
3. 金融资产重分类计入其他综合收益的金额	0.00	0.00
4. 其他债权投资信用减值准备	0.00	0.00
5. 现金流量套期储备	0.00	0.00
……	0.00	0.00
六、综合收益总额	62 872.24	814 641.00
七、每股收益：	0.00	0.00
（一）基本每股收益	0.00	0.00
（二）稀释每股收益	0.00	0.00

（3）附注。

（一）企业基本情况：

天津盛丰机械制造有限公司，民营企业（增值税一般纳税人）。现有职工19人，年营业收入350万元，属于小微企业。注册地：天津市。

目前，主要经营切割机和粉碎机的生产和销售。主要客户往来：北京环球铸造有限公司、天津环宇精密铸造有限公司、天津泰迪慕机械制造有限公司。

企业地址：天津市东丽区街津北公路小东庄村。

电话：022－24991050。

（二）财务报告编制依据《企业会计准则》的相关规定。

（三）本财务报告编制符合《企业会计准则》的要求，客观、完整地反映了企业的财务状况、经营成果和现金流量。

（四）重要会计政策和会计估计。

1. 应收账款期初账面余额494 064元，本期发生应收账款213 800元，预收300 000元，发现应收账款存在不可回收的风险，因此按应收账款余额的5‰计提坏账3 529.32元。

2. 本公司存货发出采用月末一次加权平均法计价。为简便核算，本月完工产品的制造费用直接计入完工产品成本。本年度库存材料盘点时，发现盘亏材料5 000元，属于管理不善造成，经总经理办公会研究决定，因管理不善造成材料丢失属于一般经营损失，直接计入损益。

3. 本公司固定资产采用年限平均法计提折旧。

4. 本公司依据《企业会计准则》的规定按资产负债表债务法计缴企业所得税。本月无暂时性差异。适用的企业所得税税率为25%。

（五）企业相关数据如下：

应收账款账龄结构明细表

编制单位：天津盛丰机械制造有限公司　　　20××年 12 月　　　　　　　　单位：元

账龄项目	期初余额			期末余额		
	金额	比例（%）	坏账准备	金额	比例（%）	坏账准备
1 年以内	494 064					
1～2 年						
2～3 年						
3 年以上				213 800	5‰	3 529.32
合计				707 864		

存货明细表

编制单位：天津盛丰机械制造有限公司　　　20××年 12 月　　　　　　　　单位：元

项目	期初余额	期末余额	超过 3 年的存货
原材料	57 000.00	120 200.00	
库存商品	118 500.00	78 240.05	
低值易耗品	9 490.00	10 050.00	
未完工产品		61 072.56	
合计		269 562.61	

固定资产明细表

编制单位：天津盛丰机械制造有限公司　　　20××年 12 月　　　　　　　　单位：元

固定资产原值	期初余额	本期增加额	本期减少额	期末余额
1. 房屋及建筑物	1 990 000			1 990 000
2. 机器设备	4 250 000	120 000		4 370 000
3. 运输设备				
4. 办公设备				
5. 其他设备				
合计	6 240 000	120 000		6 360 000
累计折旧				
1. 房屋及建筑物	920 000	3 980		923 980
2. 机器设备	300 000	21 250		321 250
3. 运输设备				
4. 办公设备				
5. 其他设备				
合计	1 220 000	25 230		1 245 230
固定资产净值	5 020 000			5 114 770

应交税费明细表

会企 01 表附表 4

编制单位：天津盛丰机械制造有限公司　　20××年12月　　　　　　单位：元

种类	本月发生额	备注
1. 增值税	22 457.42	
2. 代扣代缴个人所得税	571.93	
3. 企业所得税	3 309.07	
4. 城建税	1 572.02	
5. 教育费附加	673.72	
6. 地方教育费附加	449.15	
7. 印花税	183.95	
合计	29 217.26	